Wie Ganesha seinen Kopf erhielt

Kalyani Nagersheth

Wie Ganesha seinen Kopf erhielt

Erzählungen

Mit Illustrationen von Julia Berger

Draupadi Verlag

Kalyani Nagersheth:
Wie Ganesha seinen Kopf erhielt.
Erzählungen.
Mit Illustrationen von Julia Berger

Draupadi Verlag, Heidelberg, 2015

ISBN 978-3-945191-03-3

Draupadi Verlag
Dossenheimer Landstr. 103
69121 Heidelberg

info@draupadi-verlag.de
www.draupadi-verlag.de

Grafische Gesamtgestaltung: Claudia Hüfner

Einleitung

Die indische Götterwelt ist faszinierend und vielfältig. Jeder hat schon Bilder von indischen Göttern und Göttinnen gesehen. Teilweise sind sie für den deutschen Geschmack etwas kitschig dargestellt. Es gibt sehr viele Götter, daher findet jeder einen passenden für sich. Da es wenig allgemeingültige vorgeschriebene Zeiten oder Abläufe für einen Gottesdienst gibt, entwickelt jeder Hindu ein ganz individuelles Verhältnis zu seinem Gott und auch ganz persönliche Rituale. Es gibt keinen Religionsgründer und damit keinen allgemeingültigen „Hinduismus".

In Indien gehören die Gottheiten zum Alltag. In jedem Haus findet sich ein Altar, jeder Hindu verehrt seinen persönlichen Gott aus ganz individuellen Gründen auf seine ihm eigene Art und Weise. Diese Verehrung kann auch sehr wohl durch andere Religionen als den Hinduismus beeinflusst sein.

Da den indischen Göttern sehr menschliche Eigenschaften zugesprochen werden, kann man sich leicht mit ihnen identifizieren. Sie leben im Himmel miteinander, wie wir Menschen auf der Erde miteinander leben. So entwickeln sich sehr unterschiedliche Beziehungen (positive und negative), Verwirrungen, Dramen, Kriege und Liebesgeschichten. Diese Göttergeschichten werden in Indien von den Eltern, Großeltern, Tanten und Onkel an die Kinder weiter gegeben. Zu jeder Situation, die ein Kind erlebt, gibt es eine passende Göttergeschichte. Dadurch werden die göttlichen Wesen zu Freunden und Weggefährten. Es entsteht ein persönliches Verhältnis. Sie beschützen uns, sind aber auch einfach nur Leidensgenossen, oder haben dasselbe Missgeschick schon einmal erlebt und wir können aus ihren Erfahrungen lernen.

Um die einzelnen Götter auf den teilweise sehr naiven Darstellungen auseinanderzuhalten, werden ihnen bestimmte Attribute zugeordnet. Meist sind dies Reittiere oder auch Gegenstände, welche sie in ihren vielen Händen halten. Zu diesen Attributen gibt es auch Geschichten, die erklären, weshalb ausgerechnet dieser Gott dieses Attribut besitzt.

Ich hoffe, dass Sie nach der Lektüre dieses Buchs einzelne Götter erkennen können und vielleicht sogar einen Gott finden, welcher Ihnen in bestimmten Lebenssituationen weiter hilft. Die Geschichten sollen zum Schmunzeln anregen und die indische Mentalität etwas vertrauter machen.

Dieses Buch hat keinen wissenschaftlichen Anspruch, sondern soll die Geschichten vermitteln, welche ich von meiner Familie und meinen Freunden erzählt bekam. Von allen Göttergeschichten gibt es unendlich viele Variationen und sicherlich sind sie alle wahr. Viele Götter haben verschiedene Namen. Ich habe nicht alle angeführt, sondern lediglich die geläufigsten. Die zeitlichen Abfolgen sind nicht immer ganz klar, so agieren manchmal Figuren am Anfang einer Geschichte, die erst am Ende der Geschichte geboren werden. So etwas ist in der Mythologie möglich.

Lernen Sie die Götter kennen und machen Sie sich Ihr eigenes Bild von ihnen. Ich möchte hier niemanden zum Hinduismus bekehren.

Die indischen Eigennamen sind *kursiv* hervorgehoben. Die indischen Begriffe habe ich in vereinfachter (nichtwissenschaftlicher) Umschrift geschrieben, damit sie auch dem deutschen Leser einfach zugänglich sind.

Viel Vergnügen beim Lesen!

Inhaltsverzeichnis

1) Ganesha

Ganesha ist ein Gott mit menschlichem Körper und einem Elefantenkopf. Er hat einen dicken Bauch, große Ohren und einen Elefantenrüssel.

Ganesha muss immer am Anfang stehen, da er alle Hindernisse aus dem Weg räumt. Er ebnet den Weg für alle Projekte, somit natürlich auch für ein Buch über indische Mythologie. Außerdem ist *Ganesha* sicher einer der populärsten Götter Indiens. Jeder hat diesen sympathischen Gott mit dem Elefantenkopf schon einmal gesehen. Auch wenn man einen anderen Gott anbeten möchte, ist es sinnvoll, vorher zu *Ganesha* zu beten, da er auch den Weg zu dem anderen Gott freiräumt. Die meisten Inder haben eine kleine *Ganesha*-Figur im Auto, um alle Hindernisse auf den Straßen zu beseitigen (und im indischen Straßenverkehr gibt es viele Hindernisse!).

Om gananam tva ganapatim havamahe
kavim kavinam upamashravastamam,
Jyeshtha rajam brahmanam
brahmanas pata a naha
shrinvannutibhihi sida sadanam.
Vakratuṇda mahakaya
surya koti samaprabha,
nirvighnam kuru me deva
sarva karyeshu sarvada.
Siddhi buddhi shakti sahita
shriman mahaganadipataye namo namaha,
Nirvighnam kuru.

Wir rufen Dich an *Ganesha*, der Du der Herrscher aller Götter bist.
Du, der Du der Bekannteste bist, voller Inspiration.
Der Älteste unter den hohen Göttern.
Oh göttlicher Vater aller Mantren, der Führer aller Götter.
Indem Du unserem bescheidenen Gebet lauschst,
Komme mit all Deinen göttlichen schützenden Energien und sitze zwischen uns,
um uns zu beschützen und alle unsere Opfer des Lernens zu erfüllen.
Mit gebogenen Stoßzähnen, einem großen Körper und einer Strahlung entsprechend tausend Sonnen,
befreie mich von allen Hindernissen, oh Gott, in allen meinen Pflichten und auf allen Wegen.
Intelligenz, Gedächtnis, Kraft, Freund, Du Herr der Heerscharen, ich beuge mich vor Dir,
befreie mich von allen Hindernissen.

Ganesha gilt auch als Schriftgelehrter. Einst lebte ein großer Heiliger namens *Vyasa* mit seherischen Fähigkeiten. Als dieser Weise *Vyasa* das *Mahabharata* (das große indische Götterepos) als Eingebung erhält, benötigt er dringend eine Person, die seine Erzählung niederschreibt. Dies muss sehr schnell gehen, sonst vergisst *Vyasa* den Text wieder. Und es handelt sich bei dem *Mahabharata* nicht um einen kurzen Text, sondern ein ausgesprochen dickes Buch. Es wird gesagt, dass es alles gibt, was dort steht, bzw. es nicht gibt, was dort nicht geschrieben steht.

Da sonst niemand in der Gegend ist, der diese Aufgabe bewältigen könnte, bricht *Ganesha* kurzerhand seinen rechten Stoßzahn ab, verwendet diesen als Stift und bietet seine Hilfe an. Er stellt jedoch die Bedingung, dass *Vyasa* das gesamte *Mahabharata* ohne Unterbrechung diktieren müsse. *Vyasa* stellt im Gegenzug die Bedingung, dass *Ganesha* nur das aufschreiben dürfe, was er tatsächlich verstehe. So besorgt sich *Vyasa* immer wieder kleine Pausen zwischendurch, indem er komplizierte Sachverhalte schildert, über die *Ganesha* vor dem Niederschreiben erst einmal nachdenken muss.

Tatsächlich meistern die beiden gemeinsam dieses große Unterfangen und das *Mahabharata* ist uns bis heute erhalten geblieben. Auch heute noch finden wir immer wieder kleine Gedankensprünge in diesem gewaltigen Epos, die *Vyasa* offensichtlich eingebaut hat, wenn er eine Pause benötigte. *Ganesha* ist so durch das *Mahabharata* auch als großer Schriftgelehrter berühmt geworden.

Wegen dieses Geschehnisses wird der erwachsene *Ganesha* immer mit einem abgebrochenen Stoßzahn dargestellt. *Balganesha* (Baby Ganesha) hat noch beide Stoßzähne.

Ganesha reitet auf einer Ratte. Dies sieht sehr drollig aus: der etwas behäbige, dickbäuchige Gott mit einem Elefantenkopf, auf einer kleinen Ratte sitzend. Aber auch hier steckt eine Geschichte dahinter: *Ganesha* hat einen Dämon besiegt, ihn zur Strafe in eine Ratte verwandelt und, um ihn weiter zu demütigen, zu seinem Reittier gemacht. In *Mumbai* gibt es einen großen *Ganesha*-Tempel, in welchem diese Ratte etwas entfernt von *Ganesha* als eigene Figur postiert ist. Die Menschen gehen zu ihr, füttern sie mit Süßigkeiten (kleben diese an ihr steinernes Maul) und flüstern ihre Wünsche in das Ohr der Ratte. Diese vermittelt die Wünsche dann ihrem Herrn und legt ein gutes Wort für den Bittenden ein. Häufig werden auch private kleine Tauschgeschäfte mit diesem einflussreichen Gott abgeschlossen: Wenn mein Kind die nächste Prüfung besteht, werde ich am nächsten Dienstag etwa (dem Tag für *Ganesha*) 108-mal sein Mantra aufsagen. Natürlich muss bei einem solchen Kuhhandel der Gott zuerst seine Leistung erbringen ...

Nun zu der Geschichte, wie *Ganesha* seinen Kopf bekam:

Shiva und *Parvati* sind verheiratet. *Parvati* übersetzt heißt „Berg". Sie ist die Tochter des *Himavat,* des mächtigen Himalaya. Daher leben die beiden in der Abgeschiedenheit, in den Bergen. Sehr idyllisch, aber auch sehr einfach. Es gibt keinen Luxus, da *Shiva* die puritanische Lebensweise geradezu kultiviert. Dies ist für *Parvati* nicht immer ganz einfach. *Shiva* ist sowieso kein einfacher Ehemann: *Shiva,* der Gott der Weltzerstörung (auch Zerstörung allen Übels), ist ein ziemlicher Freak (wie man schon an seinen dread locks erkennen kann) und er hat etwas merkwürdige Freunde in der Welt der Halbgötter und bei den Dämonen.

Eines Tages wird *Parvati* aus ihrer Ruhe gerissen, da sich diese seltsamen Wesen wieder verstärkt um ihr Haus herumtreiben und *Shiva* wird auch schon ganz unruhig. *Parvati* erkennt, dass *Shiva* mal wieder mit seinen Freunden meditieren gehen möchte. Aber wenn *Shiva* meditiert, heißt das nicht etwa 30 Minuten, sondern eher gleich 30 Jahre. *Parvati* kennt das schon und erlaubt ihm, zu gehen. Und so zieht *Shiva* mit seinen Freunden davon.

Nach einiger Zeit fühlt *Parvati* sich doch etwas einsam ohne ihren Ehemann. Also beschließt sie, sich Gesellschaft zu besorgen. Sie ölt sich ihren Körper ein, belässt das Öl einige Zeit auf der Haut, um es einziehen zu lassen, und schabt dann das restliche Öl ab. Aus dieser Mischung aus ihren Hautzellen und dem Öl formt sie einen Sohn (*Ganesha*) von menschlicher Gestalt und haucht ihm Leben ein. So leben sie nun glücklich gemeinsam.

Einige Jahre später nimmt sie gerade ein Bad und bittet ihren Sohn *Ganesha,* vor der Tür Wache zu stehen (im alten Indien gab es damals noch keine Vorhängeschlösser). Ausgerechnet genau in diesem Moment kommt *Shiva* nach Hause. *Ganesha* (der ihn ja nicht kennt) verwehrt ihm den Eintritt. *Shiva* weiß gar nicht, wie ihm geschieht, und verlangt, in sein Haus eingelassen zu werden. *Shiva* kann sehr aufbrausend reagieren. Es kommt zu einer heftigen Diskussion, die dann sogar in einen Kampf ausartet. *Ganesha* kann sich lange zu Wehr setzen, es sieht kurzzeitig sogar so aus, als würde er seinen Vater besiegen. Dieser holt sich jedoch Hilfe bei den anderen Göttern und mit vereinten Kräften schaffen sie es, *Ganesha* zu entwaffnen.

In dem großen Durcheinander wird *Ganesha* sogar der Kopf abgetrennt.

Als *Parvati* hinauskommt und das Unglück bemerkt, ist sie in Tränen aufgelöst und beschimpft *Shiva* auf das Heftigste. Dieser ist zerknirscht, sieht jetzt doch sein Missgeschick ein und verspricht, Abhilfe zu schaffen. Dazu besorgt er den Kopf des ersten Lebewesens, welches er findet, welches nicht die richtige Schlafrichtung gewählt hat (man sollte immer mit dem Kopf nach Südwesten schlafen). Dies ist nun zufällig ein Elefant. *Ganesha* bekommt diesen Kopf aufgesetzt und von *Shiva* wird ihm wieder Leben eingehaucht. Seitdem hat *Ganesha* einen Elefantenkopf. Mit seinen großen Ohren kann er unseren gesamten Kummer gut hören, dieser verschwindet dann für immer in seinem dicken Bauch.

Ganesha möchte *Siddhi* und *Riddhi* (*Buddhi*) heiraten. Beide sind wunderschön und begehrenswert. Allerdings muss er sie erst für sich gewinnen, denn sein Bruder *Kartikeya* (auch *Skanda* genannt) ist auch sehr an ihnen interessiert. Daher gibt es einen Wettkampf zwischen den beiden Brüdern. Schöne Frauen müssen ordentlich erobert werden.

Ausgemacht ist, dass derjenige gewinnt, welcher als Erster das gesamte Universum komplett umrundet.

Der Kampf ist etwas ungleich, da *Kartikeya* der Kriegsgott ist, welcher auf einem Pfau reitet. Also ein stählerner, durchtrainierter Gott, gegen einen dicken, etwas behäbigen, auf einer Ratte reitenden Gott.

Kartikeya stürmt sofort auf seinem Pfau los, während *Ganesha* kurz überlegt und dann auf seiner Ratte seine Eltern, *Shiva* und *Parvati* umrundet. Seine Begründung: Seine Eltern bedeuten für ihn das gesamte Universum. Ohne jede Diskussion hat *Ganesha* gewonnen, denn diese Erkenntnis gilt auch noch im heutigen Indien.

2) Shiva

Shiva, der Vater *Ganeshas,* gilt als der Gott der Zerstörung. Er zerstört alles Übel und bietet dadurch auch die Möglichkeit zur Neuschöpfung. Die Übersetzung seines Namens („der Gnädige", „der Sanftmütige") steht in deutlichem Widerspruch zu seinem aufbrausenden Charakter. Im Hindu-Götterhimmel hat jede Gottheit ihr Reittier. *Shivas* Reittier und getreuer Gefährte ist der weiße Bulle *Nandi. Shiva* lebt mit seiner Familie auf dem Berg *Kailash,* aber hält sich immer auch in seiner Lieblingsstadt *Varanasi* am Ganges auf, welche daher auch ihm gewidmet ist.

Shiva ist einer der drei großen Götter der Hindus. Die anderen beiden sind *Brahma,* der Weltschöpfer, und *Vishnu,* der Erhalter. Diese drei liegen im ewigen Streit, welcher von ihnen denn nun der wichtigste sei.

Shiva wird häufig in Form eines *Lingams* verehrt. Der *Lingam* stellt seinen Phallus dar, welches in einer *Yoni,* der weiblichen Scheide, steht. Dies ist die Vereinigung des weiblichen und männlichen Prinzips. Diese Vereinigung (nicht nur im sexuellen Akt) führt zur größten Kraft und letztendlich zur Erleuchtung. *Shiva* ist zwar ein männlicher Gott, hat jedoch einen etwas androgynen Charakter und immer eine starke Ehefrau, z. B. *Parvati, Durga* oder *Kali,* neben sich.

Die erste Verehrung des Shivalingam

Die Welt entsteht und zerfällt in immer wiederkehrenden Zyklen, so wollen es die Götter. An einer dieser Übergangsphasen, als die Welt gerade in Trümmern liegt, erwacht *Vishnu* (der Welterhalter) gerade aus seinem tiefen Schlaf. Die Welt wird noch von totaler Finsternis umspannt. Lediglich er selbst erstrahlt und bringt Licht in die Finsternis. Doch halt! Plötzlich bemerkt er neben sich einen ebenso unbeschreiblichen Glanz wie seinen eigenen. *Brahma,* der Weltschöpfer, strahlt ihn an.

Natürlich geraten die beiden Götter in Streit, welcher von ihnen der mächtigere ist. Beide sind gleichzeitig da und besitzen dieselbe Leuchtkraft. Der Streit scheint nicht zu schlichten zu sein. Doch dann – was für ein Donner: Eine Feuersäule schießt zwischen die beiden Streithähne. Sie ist mächtig und übertrumpft alles an Helligkeit. *Vishnu* und *Brahma* müssen die Augen schließen, um nicht zu erblinden. Schließlich sind sie versucht, in Andacht zu verfallen – aber ihre Eitelkeit lässt dies nicht zu. Um sich gegenseitig ihre Macht zu beweisen, wollen sie den Anfang und das Ende der Feuersäule finden. Diese scheint jedoch unendlich zu sein.

Beide machen sich auf den Weg. *Vishnu* in Gestalt eines Ebers abwärts, *Brahma* in Gestalt eines Gänserichs aufwärts.

Vishnu, der Eber trifft nach vielen Jahrtausenden des in die Tiefe Grabens auf die Urschlange *Shesha*. Diese klärt

Vishnu auf, dass es sich bei diesem Feuer-*Lingam* um eine Gestalt *Shivas* handelt, welche kein Anfang und kein Ende habe. *Vishnu* gibt auf.

Brahma, der Gänserich, fliegt viele Jahrtausende aufwärts und findet ebenfalls kein Ende. Unterwegs begegnet er der Urkuh *Surabhi,* welche ihm glaubhaft beteuert, dass er nie die Spitze des Flammen-*Linga* erreichen werde. Er kann *Surabhi* jedoch überreden, mit ihm wieder hinabzusteigen und *Vishnu* gegenüber zu bezeugen, er sei bis an die Spitze gelangt.

Brahma platzt vor falschem Stolz und behauptet *Vishnu* gegenüber, das Ende der Feuersäule erreicht zu haben und daher doch der mächtigste Gott zu sein. Als sein übertriebenes Gerede überhandnimmt, tritt *Shiva* aus der Feuersäule hervor, um so dem ganzen Unfug ein Ende zu machen. *Shiva* steckt hinter der Feuersäule und hat damit bewiesen, dass er mächtiger als alle anderen Götter ist. *Brahma* gibt zerknirscht seine Lüge zu.

Shiva verspricht *Vishnu,* dass dieser ebenso wie er selbst verehrt werde, da er die Wahrheit gesagt habe. *Brahma* hingegen soll kein Tempel gebaut werden und er soll nicht verehrt werden, da er gelogen habe.

Für die Zukunft hat *Shiva* die Feuersäule wieder ganz klein gemacht. So ist der *Shiva-Lingam* entstanden, der auch heute noch von den Gläubigen überall angebetet wird. Dies ist die einfachste Möglichkeit, *Shiva* anzubeten. Man muss nur einen länglichen Stein hochkant auf einen flachen Stein stellen, schon ist ein *Shiva*-Tempel fertig.

Auch heute noch besteht der Streit, welcher Gott denn der mächtigste ist. *Brahma* spielt in diesem Konflikt tatsächlich keine Rolle mehr. Aber *Shiva* und *Vishnu* gelten als die Hauptgötter des Hinduismus und werden von ihren jeweiligen Gläubigen als größter Gott verehrt.

Shivas Lingam spielt auch noch in einer anderen Geschichte eine wichtige Rolle:

Shukra

Shukra ist ein großer Dämonenfürst. Er zieht in Gestalt des Planeten Venus seine Bahn am Himmel und führt die Dämonen in den ewigen Kampf gegen die Götter.

Einmal, als die Dämonen unter *Shukras* Leitung die Götter zu sehr ärgern, bitten die Götter *Shiva* um Hilfe. *Shiva* soll etwas gegen die Dämonen unternehmen. Die Dämonen sind für die Götter unerträglich und lassen sich einfach nicht abschütteln.

Shiva ist manchmal sehr pragmatisch und denkt, es sei am einfachsten, wenn er sich den Anführer der Dämonen schnappe. Er macht also kurzen Prozess mit *Shukra* und verschluckt diesen. Ohne ihren Anführer sind die Dämonen hilflos, völlig verwirrt und lammfromm. Die Götter haben endlich ihre Ruhe.

Shukra sitzt nun in *Shivas* Leib und kommt aus dem Staunen nicht mehr heraus: Vor seinen Augen tun sich alle Welten auf: Erde, Himmel und Zwischenraum, alle Götter, Menschen, Tiere, Pflanzen in ihrer vollkommenen Herrlichkeit. *Shivas* Leib ist das Abbild des gesamten Universums.

Da erkennt *Shukra,* dass *Shiva* der höchste aller Götter ist und beginnt, ihn mit allen seinen Namen zu verehren und zu preisen. Unermüdlich ruft er, in *Shivas* Bauch sitzend, alle Namen *Shivas* an, bis dieser irgendwann lachen muss und ihn als seinen Sohn anerkennt.

Shiva ist gnädig und kann verzeihen. *Shukra* darf nun *Shivas* Leib durch seinen *Lingam* (Glied) wieder verlassen und hat dadurch seinen Namen *Shukra* (Samen) erhalten. Daher heißt auch jeder männliche Samen, der den Körper durch das männliche Glied verlässt, *Shukra*.

Natürlich begibt *Shukra* sich sofort wieder zu seinem Dämonenheer und setzt seine Schlacht gegen die Götter mit unzerstörter Kraft fort.

Shukra wird auch in Zusammenhang mit *Vishnu* (dem Welterhalter) erwähnt. Während *Vishnu* in Form von *Vamana* (dem Zwerg) den *Asura* (Dämon) *Vali* austrickst, kommt *Shukra* ihm auf die Schliche:

In der Zeit, als *Vali* der Herrscher der *Asuras* (Dämonen) ist, kommt es mal wieder zum Kampf zwischen den Göttern und Dämonen. Die Götter werden vernichtend geschlagen und aus ihrem Himmelreich vertrieben. *Vali* gewinnt die Macht über die drei Welten (Erde, Himmel, Zwischenraum). Er herrscht mit grausamer Hand und schafft großes Leid bei den Göttern und Menschen.

Dazu muss gesagt werden, dass Dämonen nicht nur negativ gesehen werden. Durch Kasteiung, Askese und religiöse Rituale beweisen sie häufig große Willenskraft. Werden strenge Rituale für einzelne Götter vollzogen, müssen die betroffenen Götter einen Wunsch gewähren, selbst wenn es sich um einen Dämon handelt. Daher betrachten die Götter die Kasteiungen der Dämonen mit viel Sorge und versuchen, diese von der Erreichung ihres Ziels abzubringen. Dazu werden auch manchmal die wunderschönen himmlischen Nymphen eingesetzt, welche die

Dämonen in ihrer Konzentration stören und von ihrem Vorhaben ablenken sollen. Lassen sich die Dämonen nicht beirren, gewinnen sie viel Macht, welche sie dann sehr gerne auch negativ einsetzen. Aber an sich sind sie häufig sehr gelehrt und auf ihre eigene Art auch religiös. Auch Dämonen haben Prinzipien, denen sie treu sind.

Daher organisiert der *Asura Vali* aus Dankbarkeit ein großes Opferritual, nachdem er die Weltherrschaft erlangt hat. Es werden viele Gäste geladen. Unter diesen befinden sich auch große Gelehrte und Heilige. Das Opferritual wird nach allen Regeln der Kunst vollzogen. Es herrscht eine feierliche Stimmung. Im Rahmen des Rituals verspricht *Vali,* jedem Teilnehmer einen Wunsch zu gewähren.

Vishnu will nun den Menschen und Göttern zu Hilfe kommen und nimmt in Gestalt von *Vamana* dem Zwerg an diesem Ritual teil. So kann er sich unauffällig unter das anwesende Volk mischen. Er fällt aber doch auf, da er so wunderschöne Verse aus den *Veden* rezitiert. *Vali* ist darüber höchst erfreut, erkennt ihn nicht als Gestalt eines großen Gottes und gewährt auch ihm einen Wunsch.

Shukra ist der Lehrer *Valis.* Ihm kommt *Vamana* merkwürdig vor und er möchte *Vali* stoppen. Aber *Vali* lässt sich nicht bremsen und hört nicht auf seinen Lehrer.

Vamana, der Zwerg, bittet in seinem Wunsch darum, soviel Land zu bekommen, wie er mit drei Schritten abdecken kann. *Vali* denkt sich, bei einem Zwerg kann das ja nicht viel sein und gewährt ihm lachend den Wunsch.

Doch immer vor der Gewährung eines Wunsches muss ein kleines Ritual mit heiligem Wasser vollzogen werden. Dieses Ritual erfordert, dass ein König, wenn er Land verschenkt, dem Beschenkten Wasser in die Hände gießt.

Denn nur mit reinen Händen kann dieser das Geschenk annehmen. *Shukra* reduziert nun seine Größe und versteckt sich in *Valis* Topf. Er hofft dadurch, das Wasser am Fließen zu behindern. Dann könnte der Wunsch nicht gewährt werden.

Natürlich bemerkt Vishnu (*Vamana*), dass *Shukra* in dem Wassertopf sitzt. Er muss das Wasser zum Fließen bringen, bevor *Vali* aufmerksam wird. Daher steckt *Vamana* einen Grashalm in die Öffnung des Topfes, um *Shukra* zu ärgern. Dieser Grashalm trifft *Shukra* genau ins Auge, wodurch er auf einem Auge erblindet. *Shukra* heult auf und verlässt verzweifelt den Topf. Von diesem Tag an wird *Shukra* immer nur mit einem Auge dargestellt.

Das Wasser kann fließen, das Ritual wird unbehindert vollzogen und *Vamana* bekommt seinen Wunsch gewährt.

Kaum soll *Vamana* (der Zwerg!) das Land abschreiten, nimmt er gigantische Größe an. *Vali* kommt aus dem Staunen nicht mehr heraus und erkennt seinen Irrtum.

Aber er kann jetzt von seinem Versprechen nicht mehr zurücktreten und muss den Wunsch gewähren. Auch ein Dämon muss zu einem gegebenen Versprechen stehen.

Mit einem Schritt deckt *Vishnu* das Himmelreich, mit dem zweiten Schritt die Erde ab. Nun weiß er nicht mehr, wohin mit seinem dritten Schritt. Da bietet *Vali* seinen Kopf an, damit *Vishnu* darauf treten kann. *Vali* hat verloren und ergibt sich demütig in sein Schicksal. *Vishnu* befördert ihn mit einem Tritt in die Unterwelt und hat damit die Welt von dem Übel erlöst. *Vishnu* gibt die drei Welten an *Indra,* den Götterkönig, zurück, und es kehrt wieder Friede ein.

Zurück zu *Shiva*:

Shiva wird von vielen Hindus als der mächtigste Gott verehrt. Er ist auch der Gott des *Yoga,* der Meditation und des *Tantra.* Durch diese Techniken hat er den Menschen viele praktische Übungen an die Hand gegeben, mit denen sie den Kreislauf der Wiedergeburten durchbrechen können und die Erleuchtung (eins sein mit dem Göttlichen) erlangen können. Er gilt auch als der Überwinder des Todes. Das folgende ihm geweihte *Maha Mrityanjaya Mantra* ist sehr mächtig gegen tödliche Gefahren und Krankheiten:

Om. Tryambakam yajamahe
Sugandhim pushtivardhanam
Urvarukam iva bandhanat
Mrityor mukshiya ma´mritat

(*Shiva*), dem Dreiäugigen, Wohlriechenden,
Mehrer unseres Gedeihens opfern wir,
der uns (so plötzlich) wie eine gereifte, fallende Frucht
befreit von den Fesseln des Todes (hin zur) Unsterblichkeit.

Da *Shiva* ein etwas unkonventioneller Gott ist, hat er häufig Probleme mit den anderen Göttern. Er benimmt sich nicht gesellschaftlich angepasst und eckt daher häufig an. Auch berauscht er sich gerne an *bhang* (Marihuana). *Sadhus* (Priester), welche *Shiva* verehren, sieht man des Öfteren mit einem Joint. Leider wird dieser Aspekt des Gottes von vielen falsch interpretiert. *Shiva* sollte nicht zur Rechtfertigung von Drogen dienen. Er verstößt gerne gegen gesellschaftliche Normen, um Grenzen bewusst zu machen. Ein Gott kann sich solche Dinge erlauben. Wir Menschen sollten uns dieser Grenzen erst bewusst werden.

Auch *Shiva* wird eines Tages in seine Grenzen gewiesen. Er ist zu diesem Zeitpunkt mit *Sati* verheiratet. Ihr Vater, *Daksha,* ist einer der *Prajapatis* (Weltväter) und muss daher Würde und Respekt darstellen. *Daksha* wurde von *Brahma* (dem Weltschöpfer) geschaffen, um die Menschen zu vermehren und die heiligen Riten der Veden zu lehren. Er wird immer als verknöcherter, etwas verstaubter Greis dargestellt, der sehr ernst seiner Tätigkeit nachgeht. Die Vermehrung der Menschen betreibt er nicht etwa mit Lust oder gar Freude, sondern lediglich, weil dies seine Aufgabe ist. So zeugt *Daksha* viele Söhne, die sich jedoch nicht weitervermehren wollen. Endlich sieht er ein, dass er auch Töchter zeugen sollte. Auch dies geschieht lediglich aus Pflichtgefühl.

Nun, nachdem er die Zeugungen abgeschlossen hat, muss *Daksha* nur noch überwachen, dass sämtliche Regeln eingehalten und die Riten exakt entsprechend der *Veden* vollzogen werden. Er ist unglaublich streng und kennt selbst keine Freude.

Dass nun ausgerechnet dieser Mann einen solchen Schwiegersohn bekommen muss, der immer alle Regeln bricht, betrachtet er als Strafe. *Daksha* bemüht sich, diesen Schwiegersohn zu ignorieren. *Daksha* mag *Shiva* nicht, da dieser meist nackt, eventuell mit Asche beschmiert oder (wenn man Glück hat) mit einem Tigerfell bekleidet herumläuft. Außerdem ist sein Umgang nicht angemessen. *Daksha* hatte sich einen anderen Ehemann für seine Tochter gewünscht und zeigt dies auch ganz offen.

Mit seiner Tochter *Sati* will er daher auch nichts mehr zu tun haben.

Nun veranstaltet *Daksha* eines Tages ein großes Pferdeopfer, zu dem alle wichtigen Götter geladen sind. Nur *Shiva,* sein eigener Schwiegersohn, und seine Tochter *Sati* werden nicht informiert.

Natürlich bemerken *Shiva* und *Sati* die Aktivitäten. Alle Götter sind unterwegs zu *Daksha,* in ihrer schönsten Kleidung, mit prachtvollen Fahrzeugen und großer Vorfreude. *Shiva* bleibt dabei ganz gelassen, er versteht den Hintergrund und denkt, dass es besser ist, sich zurückzuhalten. *Sati* jedoch ärgert sich sehr. Sie lässt sich von *Shiva* nicht abhalten, fährt alleine zu der Opferveranstaltung und stellt ihren Vater vor allen Göttern zur Rede. *Daksha* bleibt uneinsichtig. *Sati* ist hin und her gerissen, zwischen den Tochterpflichten und den Pflichten einer Ehefrau. *Daksha* ist so gefangen in seiner knöchernen Welt der Riten, dass er die Qual seiner Tochter nicht erkennt. Er kann nicht einlenken, ohne sein Gesicht zu verlieren. Es ist eine festgefahrene Situation.

Sati rächt die gekränkte Ehre ihres Ehemannes, indem sie sich selbst dem Feuer opfert. Sie stellt sich mitten auf den Opferplatz und verbrennt sich von innen heraus.

Als *Shiva* von dem Tod seiner Frau hört, ist er in Rage und beschließt, etwas zu unternehmen. Er macht sich also mit seinen Anhängern auf zu dem Opferplatz. Seine Anhänger veranstalten ein Chaos, löschen das Opferfeuer, zerstreuen die Opfergaben, ja sie essen sogar die Opfernden auf. *Shiva* selbst enthauptet seinen Schwiegervater *Daksha* und steckt dessen Kopf auf einen Stab.

Als auch noch das Opfertier flüchtet, wird *Shiva* sehr wütend und rennt hinterher. Beim Rennen formt sich ein Schweißtropfen auf seiner Augenbraue. Dort, wo er auf den Boden fällt, entsteht eine Feuersbrunst. Aus diesem Feuer entwickelt sich eine schreckliche Kreatur, von kleiner Statur, mit blutunterlaufenen Augen und einem grünen Bart.

Diese Kreatur verschlingt das Opfertier. Danach hat sie offensichtlich dasselbe mit den *Brahmanen* und *Rishis* (Sehern) vor. Jetzt sieht sich dann doch *Brahma* (der Weltschöpfer) gezwungen, einzuschreiten und bittet *Shiva*, diese von ihm geschaffene Kreatur zurückzurufen. Er verspricht ihm dafür, dass *Shiva* ab jetzt zu jedem Opferritual eingeladen werde. Nun kann aber so eine, von einem großen Gott geschaffene Kreatur nicht einfach vernichtet werden. *Brahma* hat die Idee, sie in viele kleine Teilchen aufzuspalten, um ihre Kraft zu minimieren. *Shiva* ist damit einverstanden. Dieses Geschöpf, aus der Wut eines Gottes entstanden, wird also zerteilt und es lebt heute unter dem Namen Fieber bei den Menschen und Tieren weiter.

Shiva beruhigt sich langsam und wird wieder gnädiger. *Brahma* kann ihn überzeugen, dass *Daksha* für die Menschheit notwendig sei und daher wieder zum Leben erweckt werden müsse. Seinen eigenen Kopf kann *Daksha* allerdings nicht wiederbekommen, so setzt *Shiva* ihm kurzerhand einen Ziegenkopf auf. So wird *Daksha* auch weiterhin gedemütigt und in seine Schranken gewiesen.

Jetzt sieht endlich auch *Daksha* ein, dass *Shiva* zu den mächtigsten Göttern zählt, und erweist ihm den nötigen Respekt.

Nataraj

Natraj ist der tanzende *Shiva*. *Nataraj* übersetzt heißt König der Tänzer (*nata* = Tanz; *Raja* = König). Nachdem seine Frau *Sati* gestorben war, verfiel *Shiva* zunächst in Rage, dann in den kosmischen Tanz. *Shiva* liebt den Tanz, ob aus Freude oder aus Trauer. Er ist der Gott des Rhythmus. Tanz symbolisiert die Ehrung *Shivas* und die ewigliche Bewegung des Universums. Im kosmischen Tanz des *Nataraj* symbolisiert *Shiva* die Verneinung der Welt, das Ende einer Ära und damit die Zerstörung jeglicher Illusion (*Maya*). Seine vier Hände zeigen in die vier Himmelsrichtungen. Er bringt uns zurück zur Realität, auf den Boden der Tatsachen. Im Tanz repräsentiert *Shiva* die kosmische Wahrheit. Er zeigt sich umgeben von einem Feuerring und tritt (zerstört) den Dämon der Unwahrheit, *Apasmara Purusha,* die Personifizierung der Illusion und Ignoranz, aber auch des Ego. Die uhrglasförmige Trommel in seiner Hand symbolisiert das weibliche und männliche Prinzip. Jeder, der ihn beim Trommeln beobachten darf, wird die Glückseligkeit (*Ananda*) erreichen. Dieser kosmische Tanz wird *Anandatandava* genannt, der Tanz der Segnung, welcher den wiederkehrenden kosmischen Zyklus von Schöpfung und Zerstörung, bzw. den Rhythmus von Geburt und Tod symbolisiert. Dieser Tanz versinnbildlicht den inneren Frieden und die äußeren Aktivitäten *Shivas*.

Selbst die Schlange *Shesha* verlässt *Vishnu*, dem sie eigentlich als Ruhestätte dient, weil sie einmal *Shivas* Tanz beobachtet hatte, in der Hoffnung, ihn noch einmal zu sehen.

Kartikeya

Shiva ist nach dem Tod *Satis* vor Schmerz außer Sinnen und verfällt irgendwann in eine tiefe Meditation. In dieser Zeit gewinnt ein schrecklicher Dämon immer mehr an Macht. Es ist vorbestimmt, dass dieser nur durch einen Sohn *Shivas* besiegt werden könne. Aber *Shivas* Zustand spricht nicht für die baldige Zeugung eines Sohnes.

Inzwischen wird *Sati* in Form von *Parvati* wiedergeboren. Sie wächst heran, wie der zunehmende Frühlingsmond und niemand hätte ihrem Liebreiz widerstehen können. Aber *Shiva* befindet sich in einem Zustand ausgebrannter Asche. Obwohl *Parvati Shiva* liebt, verehrt und anbetet, nimmt *Shiva* sie gar nicht wahr. *Parvati* unterwirft sich vielen Kasteiungen, zieht sich zurück in die Einsamkeit, meditiert über Jahre hinweg, aber diese ganze Mühe bleibt ergebnislos.

Die Götter beschließen, den Liebesgott *Kama* zu Hilfe zu holen. Er soll einen seiner Blumenpfeile in das erkaltete Herz *Shivas* schießen und so dessen Liebesverlangen entfachen. *Parvati* liebt *Shiva* sowieso von Geburt an und auch schon davor. Sie dient ihm, indem sie seinem *Lingam* Opfergaben bringt und in strenger Askese lebt.

An einem schönen Frühlingsmorgen macht sich *Kama* auf den Weg zu *Shivas* Meditationsstätte. Er zaubert das verführerischste Wetter, lässt Blumen sprießen und Vöglein zwitschern. Es scheint Romantik und Liebe vom Himmel zu regnen. Er wählt den günstigsten Zeitpunkt aus, um seinen Pfeil in *Shivas* Herz zu schießen: *Parvati* kniet gerade in hingebungsvoller Andacht vor dem meditierenden *Shiva*, als dieser von dem Blumenpfeil getroffen wird.

Shiva erblickt sie im selben Moment, in dem er die Augen öffnet. *Shiva* ist ins Herz getroffen, darüber jedoch so erbost, dass er sein drittes Auge öffnet und auf *Kama* richtet und diesen sofort zu Asche verbrennt, da er es gewagt hatte, ihn in seiner Meditation zu stören.

Aber von dieser Sekunde an ist *Shiva* in *Parvati* verliebt. Sie gehen als das größte Liebespaar in die Geschichte ein. Ihr erster Sohn (*Kartikeya*) vernichtet den bösen Dämon.

Kama wird glücklicherweise später durch *Shiva* wieder zum Leben erweckt. Ihren zweiten Sohn nennen sie *Ganesha*.

Zur Geburt *Kartikeyas* gibt es verschiedene Geschichten. Die Einfachste besagt, dass er aus dem Samen *Agnis* (des Feuergotts) entsteht, welcher in das heilige Opferfeuer geworfen wurde.

Aber auch in der anderen Version spielt *Agni* eine zentrale Rolle. Der böse Dämon ist noch immer an der Macht, da *Shiva* noch keinen Sohn gezeugt hat, wie es die Vorbestimmung erfordert. Zum Glück sind *Shiva* und *Parvati* bereits vereint, jedoch dauert ihr Liebesspiel so lange, dass die Götter langsam die Geduld verlieren und *Agni* als Boten schicken, um die Zeugung des Sohnes etwas zu beschleunigen. Der kommt nun genau in dem Moment, als sich *Shivas* Samen ergießt. *Agni* verwandelt sich rasch in eine Taube, fliegt zwischen die beiden, nimmt den Samen in seinen Schnabel und will ihn zu *Indra* (dem Götterkönig) transportieren. Der Samen *Shivas* ist jedoch so heiß, dass er sogar für den Gott des Feuers nicht tolerabel ist. *Agni* verbrennt sich den Schnabel und ist gezwungen, den Samen in den heiligen Fluss Ganges fallen zu lassen, wo er sich abkühlen kann. Aber sogar für *Ganga* (die Flussgöttin) ist der Samen zu heiß, sodass sie ihn an das Ufer schleudert. Am Flussufer wird nun daraus ein wunderschöner Sohn geboren, so schön wie der Mond, so leuchtend wie die Sonne. Die sechs Frauen der *Rishis*, die sich gerade an diesem Flussufer vergnügen, sehen dieses wunderschöne Baby. Alle wollen ihm gleichzeitig die Brust geben und es liebkosen. Daher hat das Kind sechs Köpfe entwickelt, um alle sechs Frauen zufriedenzustellen.

Dieser Junge ist Kartikeya, welcher später als Erwachsener den grausamen Dämon tötet und der Gott des Krieges ist. Er reitet auf einem Pfau und wir haben schon gehört, wie er seinem Bruder *Ganesha* im Wettstreit um die beiden schönen Ehefrauen unterlag.

Parvati

Shiva und *Parvati* gelten als das größte göttliche Liebespaar. Sie sind unzertrennlich und werden auch als *Shiva* und *Shakti* angebetet. Aber wie bei jedem Liebespaar, gibt es natürlich auch bei *Shiva* und *Parvati* Streitereien. Einmal wirft *Shiva* ihr vor, sie sei dumm und hätte das Weib eines dummen Fischers werden sollen. Da verschwindet *Parvati* eingeschnappt und wird im selben Augenblick von Fischern in Südindien als Baby unter einem Baum gefunden. Sie wird von den Dorfbewohnern aufgenommen und entwickelt sich zur schönsten Frau im Dorf. *Shiva* wird inzwischen doch von Einsamkeit geplagt und versinkt in Depressionen. *Nandi,* der Stier *Shivas,* kann das ganze Elend nicht mehr mit ansehen und verwandelt sich in einen riesigen Haifisch, welcher die Netze ebendieser Fischer zerfetzt. Niemand ist in der Lage den Haifisch zu vertreiben, der ganze Fang geht verloren, das Fischerdorf sieht seinem Ruin entgegen. Der Dorfälteste verspricht in seiner Not, dem Mann, dem es gelingen sollte den Haifisch zu töten, *Parvati* zur Frau zu geben. Viele versuchen ihr Glück, aber alle scheitern. Zuletzt bitten die Dorfbewohner in ihrer Not um göttliche Hilfe und beten den *Shiva-Lingam* an. So kann *Shiva* sein Gesicht wahren, auf die Bitten der Fischer hin den Haifisch besiegen und seine Frau *Parvati* dadurch zurückgewinnen.

Nachdem *Parvati* mit *Shiva* verheiratet ist, muss sie feststellen, dass er ihre Bedürfnisse, sich zu schmücken, überhaupt gar nicht verstehen kann. *Shiva* lebt bescheiden wie ein Bettler oder *Sadhu* (Priester), ständig in Meditation oder asketische Übungen versunken. Während seiner mehrjährigen Meditationen nimmt er noch nicht einmal die Anwesenheit *Parvatis* wahr. *Parvati* ist nach einigen Jahren richtiggehend enttäuscht und frustriert. Aber in einem Jahr, als der Frühling mit Macht sogar in die ewig verschneiten *Himalaya*-Gipfel eindringt, gibt *Shiva* endlich ihrem Wunsch nach Schmuck nach. Er streckt seine Hand aus, und es fallen *Rudraksha*-Früchte vom Himmel. Diese gibt er an *Parvati* weiter und weist sie an, daraus Ketten, Armreifen und Ohrringe herzustellen, anderer Schmuck würde sich für die Frau eines Asketen nicht geziemen. *Parvati* tut, wie ihr gesagt wurde, und ist zufrieden.

Aus den Steinfrüchten werden noch heute Ketten gemacht. Sie symbolisieren *Shiva,* welcher sie auch als Schmuck trägt. Eigentlich sind sie die geschrumpften Köpfe seiner Feinde, welche er als Siegestrophäen trägt. Daher wird *Shiva* auch *Kapamalin* genannt, der Träger der Schädelkette. So stehen sie auch für die Überwindung des Egoismus (ein böser Dämon), des Hasses, der Angst, der Gier, des Geizes usw.

Rudraksha-Früchte werden entsprechend der Anzahl ihrer Rillen (Gesichter, Münder) eingeteilt. Die meisten haben 5 Rillen. Sie können bis zu 36 oder mehr Rillen haben. Je nach Anzahl der Rillen haben sie sehr unterschiedliche Bedeutungen und werden z. T. auch anderen Göttern zugeordnet.

Im *Skanda Purana* (alten indischen Texten) wird geschrieben, dass die *Rudraksha*-Früchte die Tränen *Shivas* sind, welche er weinte, als die *Tripuras* (Anhänger Shivas) zerstört wurden.

Rudra = *Shiva; Aksha* = Träne.

Diese Geschichte besagt, dass *Shiva* über Tausende von Jahren in *Samadhi* (Meditation) verweilte. Als er seine Augen für die Wohltat der Welt öffnete, fielen einige Tränentropfen auf die Erde. Aus diesen Tropfen entstand die Pflanze *Rudraksha*.

Stammbaum

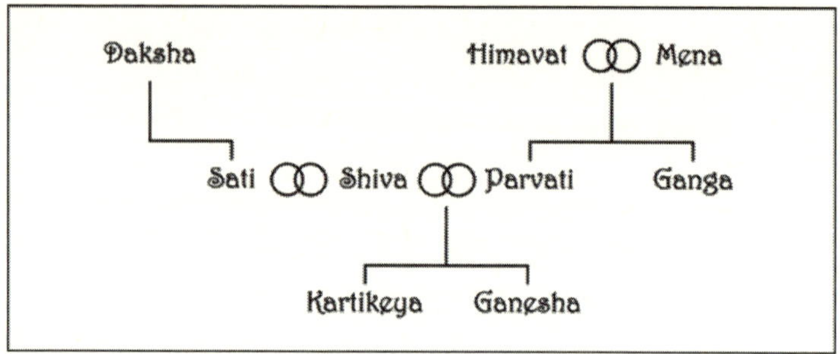

Annapurna, Ardhanarishvara

Wie viele seiner Getreuen lebt *Shiva* auf Erden als Bettler. Er füttert seine Familie gerade so durch, indem er jeden Morgen seine Bettelrunden dreht. Manchmal aber, wenn er zu viel *Bhang* (Haschischgebräu) getrunken hat, bringt er nicht einmal mehr das zustande. Die wenigen Reiskörner, die kümmerlichen Reste, die vom Vortag übriggeblieben sind, hat *Ganeshas* Ratte oder *Kartikeyas* Pfau (die Reittiere seiner beiden Söhne) aufgefressen. *Parvati* und die Kinder müssen hungern.

Eines Tages kommt *Narada*, der schelmische Götterbote, an der Hütte vorbei. Er neckt *Parvati* und schüttelte den Kopf: „Ja, ja, dein Alter ist ein *Bhoga* (Narr). Er haut sich den Kopf voll, während seine Frau und Kinder hungern!“ Da rafft sich die in ihrem Stolz getroffene *Parvati* auf, nimmt Baby *Ganesha* auf den Arm und *Kartikeya* an die Hand und macht die Bettelrunde selbst. Als *Shiva* nach

einigen Stunden wieder nüchterner ist, will er das Versäumte nachholen, aber man knallt ihm jedes Mal die Tür vor der Nase zu. Niemand gibt ihm etwas, denn *Parvati* war bereits schon vor ihm überall gewesen. Enttäuscht und traurig kommt er mit leerer Bettelschale nach Hause. *Parvati* empfängt ihn jedoch mit einer vollen Schüssel Reis an der Tür und füttert ihn. Seither kennt man die Erscheinung der Göttin als *Annapurna* (die reich an Nahrung ist). *Shiva* ist so glücklich, dass er sie heftig an sich drückt und so ihre beiden Gestalten zu der halb männlichen und halb weiblichen Gestalt des *Ardhanrishvara* verschmelzen.

In Benares, der Stadt der Bettler und *Shivas*, steht ein berühmter *Annapurna*-Tempel. Wer die hellhäutige Göttin, dargestellt mit Reisschale und Löffel, anbetet, wird wie *Shiva* niemals hungrig gehen müssen. Weil sie anwesend ist, heißt es, sei noch niemand in Benares verhungert.
Auch heute noch sollte kein Bettler abgewiesen werden, denn – es könnte ja Gott *Shiva* sein.

Anna Purne Sada Purne
Shankara Prana Vallabhe
Jnana Vairagya Siddhyartham
Bhiksham Dehi Cha Parvati

Göttin der Nahrung. Du bist allzeit die Fülle;
Du bist die Gattin Shivas. Oh Parvati,
gib mir zum Erwerb von Leidenschaftslosigkeit
und Wissen Dein Almosen.

Parvatis Schwester

Der König der Berge, *Himavat,* und seine Frau *Mena* haben zwei Töchter. Die ältere ist *Ganga* und die jüngere *Parvati,* welche in ihrem früheren Leben *Sati* war.

Ganga war zunächst eine Ehefrau *Vishnus,* wurde dann jedoch von *Shiva* übernommen. *Ganga* wird in Form des Flusses Ganges in Indien sehr verehrt. Und natürlich gibt es auch dazu eine Geschichte:

Wie Ganga auf die Erde kam

Vor langer Zeit lebte ein großer König, der hatte 1001 Söhne. Eines Tages aber möchte er, um seine Macht zu beweisen, ein heiliges Pferdeopfer vollbringen. Dazu muss ein Pferd ein Jahr lang frei durch die Lande streifen. Alle Gebiete, welche es dabei durchquert, sollen des Königs Eigentum werden. Während seiner Wanderschaft wird das Pferd durch die Gefolgsleute des Königs verfolgt und überwacht. Doch dieses spezielle Pferd läuft einfach davon und geht verloren. Dies ist natürlich eine große Katastrophe und verheißt unermeßliches Unglück.

In seiner Not schickt der König 1000 seiner Söhne auf die Suche. Sie benehmen sich allerdings nicht rechtens und ärgern die Götter. Auf ihrer Suche durchqueren sie viele Länder und hinterlassen eine Spur an verärgerten Menschen und Göttern. Da sie auf der Erdoberfläche das Pferd nicht finden können, graben sie sich immer tiefer in die Erde hinab, bis sie zu den vier riesigen Elefanten gelangen, welche die Erde tragen. Hier sehen sie das gesuchte Pferd friedlich bei einem Asketen zwischen den Beinen der Elefanten grasen. Sie beschimpfen den Asketen und benehmen sich unflätig. Dieser Asket ist nun aber kein anderer als der große Gott *Vishnu* höchstpersönlich, der ihre Redlichkeit auf eine Probe stellen will. Ganz offensichtlich haben sie diese Prüfung nicht bestanden. Mit einem Blick verbrennt er alle 1000 Söhne zu Asche.

Langsam sorgt sich der König um seine Söhne, da sie nicht heimkehren. Daher sendet er seinen Enkel *Bhagirathi* auf die Suche. Dieser führt schon immer ein sehr rechtschaffenes Leben und findet den Aschehaufen der 1000 Söhne schnell. Er benimmt sich dem Asketen gegenüber ehrerbietig, woraufhin dieser ihm einen Wunsch gewährt. Nach indischer Philosophie muss die Asche von Verstorbenen durch heiliges Wasser reingewaschen werden, damit sie ihren Frieden finden können. Daher bittet der Enkel, dass ein heiliger Fluss in die Unterwelten zu der Asche seiner Onkel vordringe.

Die Götter beschließen, *Ganga,* die Flussgöttin auf die Erde zu schicken, vergessen jedoch, sie vorher um ihr Einverständnis zu bitten. Darüber ist sie wutentbrannt und wäre mit einer derartigen Wucht auf die Erde hinabgestürzt, dass sie diese zerstört hätte. Also stellt *Shiva* sich unter sie, um ihre Wut abzufangen. *Ganga* verfängt sich über mehrere Jahre in *Shivas* dread locks und kommt dann sehr gemäßigt auf die Erde. Hier wird sie von den *Rishis* über eine lange Strecke bis zur Asche in der Unterwelt geleitet und sorgt für die Erlösung der Seelen der 1000 Söhne. Da eigentlich *Bhagirathi,* der Enkel des Königs, dafür sorgt, dass *Ganga* auf die Erde kommt, wird Ganga auch *Bhagirathi* genannt.

Bis zum heutigen Tag wird die Asche der Verstorbenen im Fluss Ganges gereinigt. Und bis zum heutigen Tag spielt *Ganga* in *Shivas* Haaren, was dessen Frau *Parvati* manchmal doch massiv irritiert ...

Hymne an Ganga

Devi sureshvari bhagavati gange
tribhuvana tarini tarala tarange,
shankara mauli viharini vimale
mama matirastam tava pada kamale.
Bhagirathi sukhadayini matas
tava jala mahima nigame khyatah,
naham jane tava mahimanam
pahi kripamayi mamajnanam.

Die Göttin *Ganga* ist der Strom des Bewusstseins,
fließend mit der Inspiration,
bewundernswert, segensreich, sie, die an allem teilhat.
Welle des reinen Bewusstseins, welche rasch fließt über die drei Welten,
die Reine, welche am Kopf von *Shiva* spielt,
mein Geist ist an Deinen Lotusfüßen zu Hause,
sie ist diejenige, welche Freude schenkt.
Mutter der drei Welten, die Größe Deines Wassers ist bekannt,
ich habe nicht die Kraft, Deine Größe zu begreifen,
gib Deinen Schutz vor meinem Unverständnis, Du, deren Natur das Erbarmen ist.

Ihren Namen zu wiederholen bringt Reinheit, sie zu sehen sichert Wohlstand, in ihr zu baden, oder von ihrem Wasser zu trinken rettet sieben Generationen unserer Rasse, in beide Richtungen. Es gibt keinen vergleichbaren Pilgerort zum Ganges. (Zitat aus dem *Mahabharata*.)

3) Wie die Götter unsterblich wurden oder Die Verquirlung des Milchozeans

Früher waren die Götter noch sterblich. Dies war gar nicht gut, denn dadurch unterschieden sie sich kaum von den Dämonen. Dieser Zustand sollte geändert werden:

Nachdem *Brahma,* der Schöpfer, die Welt erschaffen hatte, wollte er einen Sohn als sein Abbild erschaffen. Allein durch diesen Gedanken erschien ein Kind in seinem Schoß. Da dieses Kind nicht aufhörte zu weinen, nannte er es *Rudra*. Doch das Kind hörte erst auf zu weinen, nachdem er ihm sieben weitere Namen gegeben hatte: *Mahesha, Bhava, Sarva, Pashupati, Bhima, Ugra, Mahadeva.* Heute ist dieses Kind als Lord *Shankar* oder *Shiva* bekannt.

Ein Nachkomme *Mahadevas* ist der Heilige *Durvasa,* der für seine Launen bekannt ist. Dieser *Durvasa* sieht bei seinen Wanderungen eine Nymphe mit einer sehr fein duftenden Blumengirlande und möchte diese Girlande nun unbedingt haben. Die Nymphe gibt sie ihm gnädig und er wandert weiter umher, mit dieser Girlande um den Hals. Dabei trifft er auf *Indra* (den Götterkönig), der auf seinem Elefanten *Airavat* sitzt und von vielen anderen Göttern begleitet wird. *Durvasa* übergibt seine Girlande an Indra, der, aus einer Laune heraus seinen göttlichen Elefanten *Airavat* damit dekoriert. *Airavat* wird nun aber von dem Duft der Blumengirlande so betört, dass er sich schüttelt und sie mit seinem Rüssel zu Boden wirft. Hier wird sie aus Versehen zertrampelt.

Dies ist natürlich ein sehr respektloser Umgang mit einem Geschenk *Durvasas*. *Durvasa* ist außer sich vor Wut und verflucht *Indra*: Ich verfluche dich, *Indra*, dass *Lakshmi*, die Göttin des Reichtums, welche bisher im Himmel gewohnt hatte, diesen für immer verlassen soll. Und du, *Indra*, sollst ab sofort machtlos sein.

Als *Indra* in sein Königreich heimkehrt, muss er feststellen, dass aller Wohlstand, Glück und Freude verschwunden sind. Sogar die Pflanzen vertrocknen. Die Götter versammeln sich, um eine Lösung für dieses Problem zu finden. Natürlich kann hier nur *Vishnu* helfen. Er ist durch die vielen Gebete gerührt und erklärt den Göttern, was zu tun sei. *Lakshmi* sei tief im Milchozean verschwunden. Um sie wieder ans Licht zu holen, müsse der Ozean aufgewirbelt werden.

Allein könnten die Götter dies jedoch nicht schaffen. Sie müssten sich kurzfristig mit ihren Feinden, den Dämonen, verbünden. Da bei der Verquirlung des Milchozeans auch der Unsterblichkeitsnektar auftauchen werde, würden die Dämonen sich sicher bereit erklären, zu helfen. Zu dieser Zeit sind sowohl die Dämonen als auch die Götter sterblich. Die Gefahr bei der Beteiligung der Dämonen an der Verquirlung des Milchozeans ist natürlich, dass dann auch die Dämonen die Unsterblichkeit erlangen. Das wäre gar nicht im Sinne der Götter. Aber *Vishnu* verspricht, dafür zu sorgen, dass am Ende die Dämonen nichts von dem Unsterblichkeitstrank bekommen.

Vishnu erklärt den Göttern außerdem, wie sie das Aufwirbeln bewerkstelligen sollen. Sie sollen sich den Berg *Mandara* als Quirlstab holen und die riesige Weltenschlange *Vasuki* als Seil um den Berg schlingen, um ihn hin und her zu drehen.

Die Dämonen stimmen dem Vorhaben zu, logischerweise in der Hoffnung, etwas von dem Unsterblichkeitsnektar zu bekommen. Nun ist es auch für Götter und Dämonen kein leichtes Unterfangen, den Berg *Mandara* loszubrechen und zum Milchozean zu transportieren. Trotz größter Mühen brechen sie schließlich unter der großen Anstrengung zusammen. Also muss wieder *Vishnu* zu Hilfe kommen. *Vishnu* kommt auf seinem Reittier, dem großen Adler *Garuda,* daher. Garuda hebt mit seiner unendlichen Kraft den Berg hoch. Tatsächlich kann *Garuda* den Berg mit nur einer Feder tragen und *Vishnu* hat immer noch bequem auf seinem Rücken Platz. So kann endlich der Berg im Milchozean platziert werden.

Nachdem die Götter und Dämonen dem Milchozean Blumen geopfert haben, beginnen sie mit der Verquirlung.

Vasuki, die Weltenschlange, erklärt sich gerne bereit, als „Quirlseil" zu dienen. Allerdings gerät der Berg durch die ganzen Manipulationen immer wieder ins Kippeln und droht, zu versinken. Wieder muss *Vishnu* zu Hilfe eilen. In Form einer riesigen Schildkröte (*Kurma*) legt er sich auf den Meeresgrund. Auf seinem Panzer kann nun der Berg gut fixiert werden.

Die Götter ziehen am Schwanzende der Schlange *Vasuki,* die Dämonen am Kopfende. Nun kann man sich vorstellen, dass dies für die Schlange nicht das reinste Vergnügen ist. Es drückt immer wieder auf den Magen und bringt die ganze Verdauung durcheinander. *Vasuki* muss fürchterlich aufstoßen. Und wenn eine Schlange aufstößt, kommen giftige Gase und Flammen aus ihrem Maul. Zum Glück ziehen die Dämonen am Kopfende. Die giftigen Gase machen ihnen schwer zu schaffen und die Arbeit wird immer anstrengender. Die giftigen Gase formen Wolken, welche von *Vayu* (dem Gott des Windes) an das

Schwanzende der Schlange getrieben werden, um dort als angenehm erfrischender Regen auf die Götter niederzugehen.

Nach einer ewig lang erscheinenden Zeit kommen als Ergebnis der Aufwirbelung viele wunderbare Dinge an die Oberfläche des Ozeans. Als Erstes kommt die weiße Kuh *Surabhi* (*Kamadhenu, Kapila*) hervor, welche die Götter anbetet und ihrem Besitzer alle Wünsche erfüllt. Sie wird von einem Rishi unter seine Fittiche genommen und spielt in einer anderen Geschichte mit einer Inkarnation *Vishnus* als *Parashurama* noch eine große Rolle.

Außerdem kommt noch das giftigste Gift *Halahala* (*Kalakuta*) hervor, welches auf die Bitte der Götter und Dämonen hin von *Shiva* getrunken wird. Wäre das Gift bis zur Erde vorgedrungen, wäre die gesamte Menschheit vernichtet worden. *Shiva* als Einziger ist fähig, dies zu verkraften, erlaubt dem Gift jedoch nicht, seinen Rachen zu passieren. Da *Shiva* auch der Gott des *Yoga* ist, ist er in der Lage, einen *Bandha* (Verschluss) am unteren Halsende zu setzen, sodass das Gift nicht bis in den ganzen Körper vordringen kann. Dennoch wird durch dieses starke Gift *Shivas* Hals blau gefärbt, was ihm seinen weiteren Namen *Nilakantha* (blauer Hals) einbringt. Da er zur Rettung des Universums das stärkste Gift vernichtet hat, bekommt er als weiteren Namen *Mahadeva* (großer Gott).

Auch der Mond (*Soma, Chandra*) taucht aus dem Ozean auf. *Shiva* erlaubt dieser kühlenden Energie, auf seinem Haupt Platz zu nehmen, um ihm Erleichterung von der Hitze des Giftes *Halahala* zu geben.

Es kommen insgesamt vierzehn wertvolle Gaben aus dem Milchozean, unter anderem auch das weiße Pferd *Uchchaisravas,* welches *Indra,* der Götterkönig sich nimmt (und welches uns auch in einer weiteren Geschichte wieder begegnen wird):

Varuni, die Göttin des Weins (*Sura*), welche immer mit ihren verführerischen Augen rollt. Sie wird sofort von den Göttern aufgenommen, daher werden die Götter auch *Suras* genannt. Die Dämonen aber lehnen sie ab und heißen daher *Asuras,*

Parijata, der göttliche Baum, welcher in *Indras* Garten platziert wird,

der Juwel *Koustubha,* welchen *Vishnu* sich als Schmuck nimmt,

die *Apsaras,* die himmlischen Nymphen. Sie werden *Apsaras* genannt, weil sie aus *Ap,* dem Wasser aufgestiegen sind.

Lakshmi erscheint endlich auch aus dem Ozean. Alle Götter fallen vor ihr nieder und verehren sie. Sie heiratet

Vishnu und bringt wieder Glück und Wohlstand in die Götterwelt zurück.

Die Heiligen stimmen Hymnen zu Ehre von *Lakshmi* an. Die *Gandharvas* (himmlischen Sänger) singen, die *Apsaras* tanzen. Auch der Fluss *Ganga* bringt seine Ehrerbietung dar.

Indras Königreich blüht wieder auf.

Dieser Tag des großen Glücks und der Freude wird heute noch in Indien an *Deepavali* (Fest des Lichtes) gefeiert. Es werden überall Kerzen angesteckt, die Familien kommen zusammen und man schenkt sich gegenseitig Süßigkeiten.

Nachdem *Lakshmi* aus dem Milchozean geboren wurde, kommt als Letzter *Dhanvantari,* der Gott des *Ayurveda,* in leuchtend weißer Bekleidung hervor. Er hält den Topf mit dem Unsterblichkeitsnektar in der Hand.

Götter und Dämonen beginnen natürlich sofort, um den Topf zu streiten. Da die Dämonen eine stärkere negative Energie besitzen, gewinnen sie den Streit. Aber *Vishnu* hatte versprochen dafür zu sorgen, dass lediglich die Götter den Nektar erhielten. Also erscheint er in Form einer wunderschönen Frau (*Mohini*). Die dummen Dämonen starren dieser Frau hinterher, sind dadurch abgelenkt. Ihre Schönheit betört die Dämonen so sehr, dass sie beschließen, *Mohini* den Topf mit dem Nektar zu geben. Sie solle den Nektar aufteilen. *Mohini* formt nun zwei Reihen, eine mit Göttern, eine mit Dämonen und beginnt den Nektar zu verteilen. Natürlich fängt sie bei den Göttern an und teilt die Menge so ein, dass für die Dämonen nichts übrig bleibt.

Einer der Dämonen (*Rahu*) durchschaut ihr Spiel. Er mogelt sich in die Reihe der Götter. Gerade während *Mohini* ihm den Trank gibt, wird er von *Soma* (dem Mondgott) und *Surya* (dem Sonnengott) enttarnt. Sie schreien auf und in dem Moment, als einige Tropfen seine Kehle hinunter rinnen, wird *Rahu* von *Vishnu* enthauptet. *Rahus* Kopf fliegt weit in den Himmel hinauf. Dort steht er heute noch als einer der Planeten (Mondknoten). Eine tiefe Feindschaft verbindet ihn mit *Soma* und *Surya*. Daher sorgt er auch heute noch für wiederkehrende Mond- und Sonnenfinsternis, indem er sich zwischen sie und die Erde schiebt. Menschen, welche zu diesem Zeitpunkt eine Spende geben, werden gesegnet. Ansonsten handelt es sich um einen Unglück verheißenden Zeitpunkt und die Inder vermeiden es, sich dieses Schauspiel anzuschauen. Manche verlassen in dieser Zeit noch nicht einmal ihr Haus.

Bei dieser ganzen Keilerei zwischen Göttern und Dämonen um den Trank der Unsterblichkeit sind einige Tropfen des Nektars in den Milchozean gefallen. Diese werden von der Schlange *Vasuki* verschluckt. Dadurch sind die Schlangen zu Halbwesen geworden. Sie sind irgendwo zwischen Göttern und Dämonen anzusiedeln. Man sagt, dass an den Orten, an denen eine Schlange wohnt, ein Schatz vergraben ist. In vielen indischen Grundstücken wird daher eine Ecke nicht bebaut, sodass sich dort Schlangen niederlassen können.

In meiner Familie wird eine ganz eigene Geschichte zu der Macht der Schlangen berichtet: Acht Generationen vor mir war meine Familie unermesslich reich. Mein Ahne wollte diesen Reichtum natürlich für seine Nachfahren bewahren und fragte daher einen heiligen *Rishi,* was er dafür unternehmen müsse. Der *Rishi* nannte ihm einen bestimmten Baum, unter den mein Ahne sich in einer Vollmondnacht legen solle. Es würde eine Kobra kommen und über ihn hinweg gleiten. Sollte mein Ahne dies reglos ertragen, würde sein Reichtum für immer bewahrt werden. Mein Ahne tat also, wie ihm geheißen war, legte sich in einer Vollmondnacht unter den bezeichneten Baum und wartete. Tatsächlich kam die Kobra und begann an seinen Füßen, auf ihn hinauf zu gleiten. Er lag ganz still. Als sie aber seine Nasenspitze erreichte, musste er niesen. Die Kobra verschwand sofort und brachte ihr Werk nicht zu Ende. Mein Ahne ging am nächsten Tag zu dem *Rishi* und fragte ihn, was dies nun für Folgen hätte. Der *Rishi* erklärte ihm, dass seine Nachfahren bis zur siebten Generation den Reichtum behalten würden, in der siebten Generation würde er jedoch verloren gehen. Ich gehöre leider der achten Generation an ...

Der Nektar der Unsterblichkeit wird im Götterreich verwahrt. *Lakshmis* Heimkehr hat Glück und Wohlstand gebracht. Die Götter sind zum Glück bis zum heutigen Tag den Dämonen überlegen.

Lakshmi

Im *Ramayana, Mahabharata* (große indische Götterepen) und den *Puranas* (alte indische Geschichten) wird erwähnt, dass *Lakshmi* zunächst mit den *Asuras, Rakshasas* und *Yakshas* (Dämonen) zusammenlebte, bis sie an den Hof *Indras* (des Götterkönigs) zog. Auch dort soll sie mit diversen Göttern gelebt haben, bevor sie erst die Begleiterin *Shivas* und dann *Vishnus* wurde.

Lakshmi ist sowohl die Tochter *Bhrigus* (ein Heiliger) als auch *Varunas* (Gott des Meeres): Am Anfang gab es die drei Welten, die himmlischen Regionen, in welchen die Götter wohnen, die unteren Regionen, in welchen die Dämonen wohnen, und die Erde, auf der die Menschen wohnen. Um den Bewohnern der drei Regionen beim Verständnis der Mysterien des Universums zu helfen, gab *Brahma* (der Weltschöpfer) die Geheimnisse der *Veden* den sieben *Rishis* (Sehern). Diese sieben *Rishis* sind heilige Wesen, aus *Brahmas* Gedanken geboren. Sie können zwischen den drei Welten hin und her wandern. Sie singen Mantras, vollziehen Rituale, wie z. B. Feueropfer und unterziehen sich Kasteiungen. Auf diese Weise schaffen sie Götter und kontrollieren den Gang des Universums.

Sechs der sieben *Rishis* benutzten ihre Kraft, um *Sarasvati* (die Göttin des Wissens) zu kreieren. Durch ihre Gnade erreichen die Menschen die Erleuchtung. Jedoch mussten die Rishis feststellen, dass Wissen alleine nicht sättigt.

Der siebte *Rishis, Bhrigu,* lernte von *Varuna,* dem Meeresgott, dass alle Substanzen im Endeffekt Nahrung sind. Die ganze Welt besteht aus jenen, welche essen, und jenen, welche gegessen werden. So erfuhr er den Wert der Nahrung. Daher benutzte er seine Kräfte, welche er von *Brahma* erhalten hatte, um *Lakshmi* zu schöpfen, die Göttin des Reichtums, welche den Menschen weltlichen Wohlstand bringt. Die anderen *Rishis* lernten von *Bhrigu* (die *Bhrigu Samhita,* der Gesang *Bhrigus* umfasst die Lehren von *Jyotish,* Astrologie, *Rekha,* Hand lesen, *Vastu,* Architektur und anderes). Dies können sie in der Welt lehren, um im Gegenzug ihre eigenen weltlichen Bedürfnisse zu decken.

Bhudevi

Eine Manifestation *Lakshmis* ist die Erdgöttin *Bhudevi.*

Kashyapa, der noch in der Fortsetzungsgeschichte des Unsterblichkeitsnektars erwähnt wird, war nicht nur mit *Vinata* und *Kadru* verheiratet, sondern hatte insgesamt 13 Ehefrauen. Übrigens waren diese alle die Töchter *Dakshas* (*Shivas* verknöcherter Schwiegervater). Mit seiner Ehefrau *Diti* hatte *Daksha* zwei sehr tapfere Söhne: *Hiranyakashipu* und *Hiranyaksha* (die Söhne *Ditis* werden auch *Daityas* genannt). Diese Geschichte handelt von *Hiranyaksha.*

Hiranyaksha ist der König der Dämonen (*Asuras*). Durch intensive Meditation bekommt er von *Brahma* eine Gabe geschenkt: Im Kampf wird er unsichtbar. Durch diese Gabe ist er in der Lage, die Götter zu besiegen und den Himmel zu erobern. Auch *Varuna,* der Gott des Meeres ist geschlagen. Da *Hiranyaksha* sich auf der Erde nicht sonderlich wohl fühlt, bezieht er *Varunas* Palast am Meeresboden, nimmt aber die Erde, *Bhudevi* mit in die Tiefen des Ozeans. Von hier aus herrscht er über Götter und Menschen und quält sie nach Lust und Laune. Besonders fehlt jedoch die fruchtbare Mutter Erde (*Bhudevi).*

Wie so häufig bitten die Götter *Vishnu* um Hilfe. *Vishnu* kommt in Form eines Ebers (*Varaha*) und trifft im Ozean auf *Hiranyaksha.* Sie kämpfen für viele Jahre, aber natürlich siegt *Vishnu* am Ende.

Vishnu rettet *Bhudevi* und trägt sie (immer noch in Form eines Ebers) zurück an die Wasseroberfläche. Während dieser Aktion muss er seine Hauer in sie rammen. Dadurch bekommt *Bhudevi Vishnus* Samen und kann so sämtliche Pflanzen der Erde gebären.

Lakshmis Geburt wird in Indien wie bereits erwähnt auch heute noch als großes Fest (*Deepavali*) gefeiert. Aber an diesem Tag ist nicht nur der Wohlstand wieder heimgekehrt, sondern auch die Gesundheit, durch die Geburt *Dhanvantaris*, dem Gott des *Ayurveda*, welcher den Göttern die Unsterblichkeit bringt und das Wissen der Heilung an die Götter gibt, die es wiederum an die Menschen weitergeben.

Dhanvantari

Shankam cakram jalaukam
Dadhatamruta ghatam
Caru dorabhihi ca caturbhihi
Sukshma svaca ati hridayam suka parivilasam
Maulinam bhojanetram
Kalambhodo jvalangam katitat vilasas
Carupitambharadhyam
Vande dhanvantarim tam nikhila gadavana
Praudha davagni lilam

Derjenige, welcher in seinen vier attraktiven Händen die Muschel, den Diskus, einige Blutegel und einen Topf mit Nektar hält; dessen feine, leuchtende und reine Bekleidung ihn besonders wundervoll erscheinen lässt; dessen Augen wie Lotus-Blüten sind; dessen scheinende Ausstrahlung wie die Farbe einer frischen Regenwolke ist; dessen wunderschöne Taille von einem bezaubernden gelben Tuch umschmeichelt wird; und der, welcher alle Krankheiten verbrennt wie ein Waldbrand; vor diesem Lord *Dhanvantari* verneige ich mich respektvoll.

Die weitere Geschichte des Unsterblichkeitsnektars

Garuda, der Schlangentöter

Der heilige *Kashyapa,* Vater von *Indra* (dem Götterkönig), ist mit dreizehn Töchtern *Dakshas* verheiratet. Zwei davon bevorzugt er besonders: *Vinata* und *Kadru*. Er beschließt, ein *Yagna* (Feueropfer) zu veranstalten, um weitere Nachkommen zu erhalten. *Vinata* und *Kadru* sollen die zukünftigen Mütter sein. *Kadru* wünscht sich, tausend Schlangen zu gebären. *Vinata* wünscht sich nur zwei Söhne, welche jedoch den tausend Schlangen an Kraft und Tapferkeit überlegen sein sollen.

Während des *Yagnas* kommen *Indra,* diverse *Rishis* und andere göttliche Wesen zusammen. *Indra* benimmt sich sehr überheblich und arrogant. Dies bringt die *Rishis* gegen ihn auf. Während *Ghee* (Butterfett) in das Feuer gegossen wird, beschwören sie die himmlischen Kräfte, dass ein neuer *Indra* geboren werde, der noch mächtiger wäre als der jetzige *Indra*. Er solle durch eigenen Willen an jedem Ort der Welt sein können, jede Form von Kraft und jede Größe annehmen können. *Kashyapa* kann zum Glück für seinen Sohn die Beschwörung insofern abändern, dass *Indra* weiterhin der König der Götter bleiben werde und dieses neue Wesen über die Wesen mit Flügeln herrschen solle. Und er solle einer von *Kashyapas* Nachfahren werden, für die ja dieses Feueropfer durchgeführt werde.

Kashyapa zieht sich nach dem *Yagna* zur Meditation in den Wald zurück. Einige Monate später gebärt *Vinata* zwei Eier und *Kadru* tausend Eier. Nach vielen Jahren des langen Wartens schlüpfen tausend Schlangen aus *Kadrus* Eiern. *Kadru* ist überglücklich. *Vinata* wird langsam ungeduldig und ist zum ersten Mal in ihrem Leben eifersüchtig. Sie kann nicht mehr an sich halten und bricht eines der beiden Eier auf. Heraus kommt ein halber Junge. Der Kopf und Oberkörper sind voll ausgereift, aber der Unterkörper ist ein einziger Fleischklumpen. *Vinata* ist schockiert. Der kleine Junge ist erbost und beschuldigte sie, zu ungeduldig gewesen zu sein, um seine vollständige Reifung abzuwarten. Dafür solle sie zur Sklavin werden. Wenn sie allerdings bei dem zweiten Ei mehr Geduld beweisen sollte, würde sein Bruder sie aus der Sklaverei befreien. Der halbe Junge verschwindet in den Himmel und wird zum Wagenlenker des Sonnengottes. *Vinata* bleibt verzweifelt allein zurück. Nun übt sie sich in Geduld mit ihrem zweiten Ei.

Einige Tage später sehen *Vinata* und *Kadru* das himmlische Pferd *Uchchaishrava* vorbeifliegen (welches unter anderem bei der Verquirlung des Milchozeans erschienen war). *Kadru* fragt *Vinata* nach seiner Farbe. *Vinata* ist völlig überzeugt, dass das Pferd vollkommen weiß ist. *Kadru* behauptet, dass der Schwanz schwarz ist. Sie wetten darum. Die Verliererin soll zur Sklavin der anderen werden. Am nächsten Tag wollen sie gemeinsam die Farbe des Pferdes überprüfen gehen. Über Nacht kommen *Kadru* Zweifel. Sie befiehlt ihren tausend schwarzen Schlangensöhnen, den Schwanz des Pferdes zu bedecken und dadurch schwarz erscheinen zu lassen. Natürlich sind auch Schlangensöhne ihren Müttern gegenüber gehorsam. So schlüpfen sie hinaus, um den Wunsch der Mutter zu erfüllen.

Am nächsten Tag suchen die beiden Frauen das Pferd. Als sie es finden, ist sein ganzer Körper schneeweiß, aber sein Schwanz ist tatsächlich schwarz. *Vinata* ist tief gedemütigt.

In der Zwischenzeit bricht zu Hause das zweite Ei *Vinatas* auf und ihr zweiter Sohn betritt in aller Pracht das Licht der Welt. *Garuda* ist geboren. Er hat einen Adlerkopf und Flügel und ist in der Lage, seine Körpergröße entsprechend seines Willens zu verändern. So wird er sofort riesig groß, schwingt seine Flügel und ist im Nu an der Seite seiner Mutter. Sie bricht in Freudentränen aus, als sie ihn sieht. Sie weiß, er wird ihr Retter sein.

Stammbaum

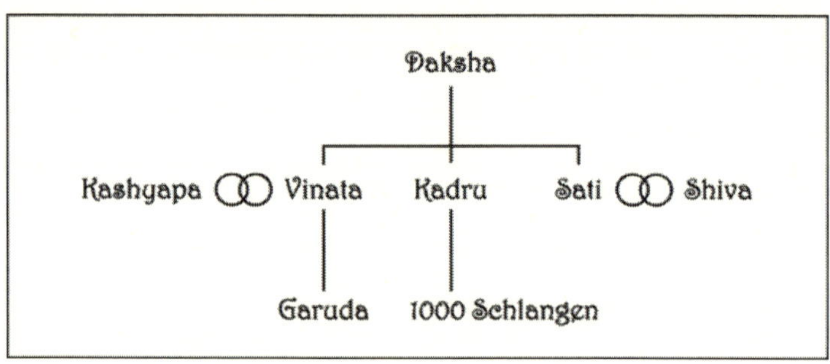

Kurz darauf erscheint *Kadru* mit ihren tausend Söhnen. Sie wollen die Insel der Freuden besuchen und *Vinata* soll sie als ihre Sklavin alle dorthin tragen. *Vinata* nimmt also *Kadru* auf ihre Schultern und bittet ihren Sohn, die tausend Schlangen zu tragen. *Garuda* ist perplex, dass seine Mutter eine Sklavin zu sein scheint. Er nimmt die Schlangen auf seinen Rücken und wächst zu einer immensen Größe heran. Dann hebt er ab in Richtung Sonne, um die Schlangen zu verbrennen. Die Schlangen schreien um ihr Leben. *Kadru* beginnt zu *Indra,* dem Götterkönig, zu beten. *Indra* als Herrscher über die Wolken lässt es regnen, so ist *Garuda* zur Umkehr gezwungen und die Schlangen blieben verschont. Aber seine Feindschaft gegenüber Schlangen ist hiermit für immer besiegelt.

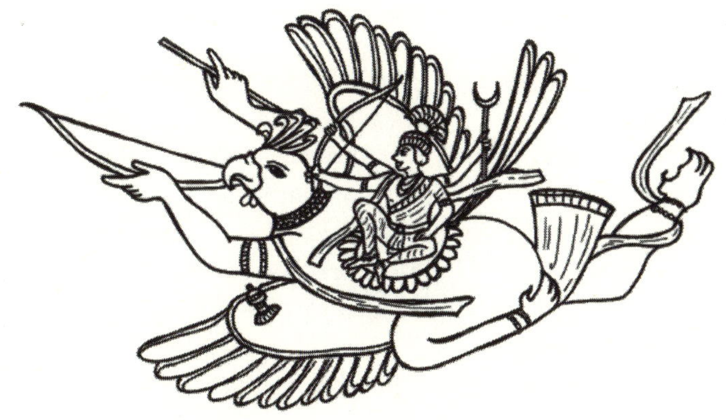

Auf der Insel angekommen, klärt *Vinata* ihren Sohn über die verzwickten Verhältnisse auf. *Garuda* will diese Situation so nicht akzeptieren, geht zu den Schlangen und fragt, wie er die Freiheit seiner Mutter erkaufen könne. Die Schlangen fordern frech den Trank der Unsterblichkeit (*Amrit,* welchen *Dhanvantari* bei der Verquirlung des Ozeans gebracht hatte) für sich. Dafür würden sie beiden die Freiheit schenken. *Garuda* macht sich sofort auf den Weg. Während er mit seinen mächtigen Flügeln durch den Himmel zu dem Sitz der Götter fliegt, hört er die Stimme seines Vaters *Kashyapa*. Dieser sitzt auf der Spitze eines Berges und macht gerade eine Pause in seiner Meditation. *Garuda* erzählt ihm von seinem Vorhaben und fragt ihn um Rat. *Kashyapas* zeigt *Garuda* einen Ort, an dem sich eine Riesenschildkröte und ein Elefant gerade in einem Kampf befinden. Wenn *Garuda* beide aufessen könnte, bekäme er ausreichend Kraft, um den Nektar der Unsterblichkeit zu erlangen.

Garuda findet die beiden Tiere, schnappt sie mit seinen Klauen und hebt sie hoch in die Lüfte. Nun sucht er einen geeigneten Ort, um sie zu verspeisen. Ein großer *Banyan*-Baum ruft ihn herbei und bietet ihm einen Platz auf einem seiner Äste an. Aber gerade als *Garuda* sich mit seiner Last auf dem Ast niederlässt, bricht der Ast ab. An diesem Ast hängen ausgerechnet vier *Rishis* kopfüber in tiefer Meditation versunken. Sie drohen, auf den Boden zu fallen. Dies würde großes Unglück bringen. *Garuda* muss jetzt schnell handeln, hält immer noch die Riesenschildkröte und den Elefanten in seinen Klauen, stürzt hinter dem Ast her, schnappt ihn kurz bevor er den Boden berührt mit seinem kräftigen Schnabel und rettet so die *Rishis*. Aus ihrer Meditation aufgeschreckt bemerken die *Rishis* die große Gefahr. Aus Dankbarkeit geben sie Garuda seinen Namen *Garuda* (der in der Lage ist, schweres Gewicht zu tragen). *Garuda,* zufrieden mit seinem Namen, setzt die *Rishis* in den *Gandhamadana*-Bergen ab, wo sie ihre Meditation fortsetzen. Endlich findet *Garuda* auch ein ruhiges Plätzchen, an dem er den Elefanten und die Riesenschildkröte verspeisen kann.

So gestärkt setzt er seine Reise zum Sitz der Götter fort. Währenddessen wird seine Ankunft in *Indras* Königreich bereits durch viele schlechte Vorzeichen angekündigt. *Indra* ist sehr besorgt und fragt *Brihaspati,* den *Guru* der Götter, um Rat. *Brihaspati* empfiehlt, den Unsterblichkeitsnektar besser zu bewachen. Und tatsächlich, kurz darauf erscheint *Garuda*. Durch das kräftige Schlagen seiner mächtigen Flügel wird der Himmel schwarz vom aufgewirbelten Staub. Die Götter können *Garuda* gar nicht sehen, geschweige denn bekämpfen. *Vayu*, der Gott des Windes, eilt zu Hilfe. Mit einem einzigen Stoß bläst er den Staub fort. Sofort beginnen die Götter, *Garuda* mit ihren Waffen anzugreifen. Aber *Garuda* ist stärker und schlägt die Götter in die Flucht.

Der Topf mit *Amrit* (dem Trank der Unsterblichkeit) ist allerdings noch von einem Feuerwall umgeben. Der Feuerwall ist so riesig, dass er selbst *Surya*, den Sonnengott, hätte verbrennen können. *Garuda* lässt sich neunzig mal neunzig Münder wachsen, füllt diese mit dem Wasser mehrerer Flüsse und speit das Wasser gegen den Feuerwall. Mit einem Triumphschrei fliegt er durch den Rauch, nur, um auf ein neues Hindernis zu treffen: Ein rotierendes Rad mit scharf geschliffenen Zacken umgibt den Topf mit *Amrit*. Unter dem Rad wachen zwei Giftschlangen, welche ihm schon entgegen züngeln.

Garuda reduziert seine Größe auf ein Minimum, gleitet unter das Rad, beginnt mit seinen Flügeln zu schlagen und dadurch Staub aufzuwirbeln. So kann er die nun blinden Schlangen mit Leichtigkeit bezwingen. Er schnappt sich den *Amrit*-Topf und steht nun in der Mitte des Rades. *Garuda* beginnt zu wachsen, wird immer größer und größer. Er sprengt das Rad durch seine Körperfülle und hebt ab in die Lüfte.

Vishnu, der Welterhalter, sieht ihn vorbeifliegen und ist tief beeindruckt. *Garuda* hält den Trank der Unsterblichkeit in Händen und hat noch keinen Tropfen davon getrunken. Selbst die Götter hätten dieser Versuchung nicht widerstehen können. Aufgrund dieser Selbstlosigkeit gewährt *Vishnu Garuda* zwei Wünsche. *Garuda* wünscht sich, über *Vishnu* zu stehen, unsterblich und frei von Krankheiten zu sein. Dies wird von *Vishnu* gewährt. *Vishnu* setzt

Garuda auf seine Fahnenstange, so steht er über ihm. *Garuda* ist erfreut und gewährt *Vishnu* ebenfalls einen Wunsch. *Vishnu* bittet *Garuda,* sein Reittier zu werden. Dieser Wunsch wird von *Garuda* gerne erfüllt, allerdings möchte er noch seine Mission beenden.

Auf seinem Heimweg trifft *Garuda* auf *Indra. Indra* erkennt *Garuda*s Größe an und bietet seine Freundschaft an. *Indra* ist jedoch besorgt, dass der Unsterblichkeitstrank in die falschen Hände geraten könne. *Garuda* ist ja auch nicht gut auf die Schlangen zu sprechen, möchte aber seine Mutter freikaufen. Sie hecken einen Plan aus, der beide zufriedenstellt.

Garuda bringt den Unsterblichkeitstrank zu den Schlangen. Er empfiehlt ihnen jedoch, ein Reinigungsritual zu vollziehen, bevor sie den Trank zu sich nehmen. Die Schlangen stimmen zu, geben seine Mutter frei und machen sich auf den Weg zum Ritual, während *Garuda* den Unsterblichkeitstrank in einem Tempel auf *Kusha*-Gras verwahrt. Wie vereinbart kommt *Indra,* sobald die Schlangen weg sind, und holt den Topf mit *Amrit* zurück in sein Reich. Die Schlangen gehen leer aus, *Garudas* Mutter ist frei.

In ihrer Verzweiflung lecken die Schlangen am *Kusha*-Gras, in der Hoffnung, doch noch einige Tropfen des Unsterblichkeitstranks zu erwischen. Die Grashalme sind jedoch so scharfkantig, dass sämtlichen Schlangen in die Zunge geschnitten wurde. Von dem Tag an haben alle Schlangen gespaltene Zungen und sind das natürliche Nahrungsmittel von *Garuda.* Sie bleiben für immer erbitterte Feinde. *Kusha*-Gras hingegen ist heilig.

Später wird *Garuda* zum ständigen Reittier *Vishnus.* Seine Söhne, *Jatayu* und *Sampati,* spielen im *Ramayana* (einem sehr wichtigen Götterepos) wichtige Rollen.

Nun nutzt ja die ganze Unsterblichkeit nicht viel, wenn man dabei dennoch altert und langsam zerfällt. Glücklicherweise haben die Götter gleichzeitig das Wissen der Verjüngung. Aber wie ist das mit uns Menschen?

Cyavanprash

Es war einmal ein alter, weiser *Rishi* namens *Cyavana Bhargava.* Durch Kasteiung und intensives Studieren der Veden erlangt er das Wissen der Unsterblichkeit, welches ja eigentlich den Göttern vorbehalten ist. Dummerweise besitzt er nicht das Wissen der Verjüngung. Daher kann er zwar nicht sterben, wird aber doch alt und sehr gebrechlich.

Um nun das Wissen der Verjüngung zu erlangen, bittet er also seine Söhne, ihn auf einem verlassenen Opferplatz am Ufer des heiligen Flusses *Sarasvati* (den es heute leider nicht mehr gibt) niederzulegen und zu verlassen. Er möchte dort nackt, nur mit Asche bekleidet liegen. Obwohl sie dies nicht wirklich gut heißen konnten, entsprechen sie seiner Bitte. Wer würde es schon wagen, seinem Vater zu widersprechen.

Dort alleingelassen stimmt er folgenden Gesang an: „Ich möchte wieder jung sein; ich möchte eine Jungfrau zur Gattin bekommen; ich möchte tausend Rinder opfern."

Nach einiger Zeit kommt eine Sippe von Kuh- und Schafhirten bei ihm vorbei. Sie sehen diesen alten, nackten, lediglich mit Asche bestrichenen Greis am Flussufer liegen und machen sich fürchterlich über ihn lustig. Sie benehmen sich sehr unflätig und beschmieren ihn sogar mit Lehm, Mistklumpen, Asche und Staub.

Da nun *Cyavana* aber doch ein großer *Rishi* ist, stiftet er zur Bestrafung Unfrieden unter dieser Gruppe, sodass sie sich gegenseitig nicht mehr kennen. Sie sprechen auch auf einmal nicht mehr dieselbe Sprache, können sich daher zwar nicht mehr verstehen, aber doch noch sehr gut streiten. Es herrscht ein großes Chaos.

Der Anführer der Gruppe erkennt den eigenen Fehler und die große Macht des *Cyavana* und bittet ihn um Verzeihung. *Cyavana* solle doch den Fluch wieder von ihnen nehmen, sie würden ihn dann auch mit Respekt behandeln.

Cyavana verlangt als Wiedergutmachung die junge schöne Tochter des Anführers zur Frau. Da er ein alter Mann ist, beschließt die Sippe, ihm die junge Frau zum Schein da zu lassen. Sie soll ihnen jedoch nach ihrem Aufbruch sofort folgen, in der Hoffnung, dass der alte Mann sie nicht einholen könne. So wird es dann auch vollzogen. Als die junge Frau jedoch fortgehen möchte, spricht *Cyavana*: „O Schlange, steh deinem Freunde bei!" Da erhebt sich eine schwarze Schlange gegen sie, versperrt ihr den Weg und sie verzagt.

So lebt nun dieses etwas ungleiche Paar am Ufer des heiligen Flusses. *Cyavana* liegt in tiefer Meditation versunken, bewegt sich nicht und spricht auch nicht. Interessanterweise merkt die junge Frau nach einiger Zeit der Abscheu, dass sie doch Gefühle für ihn entwickelt und sich gerne in seiner Nähe aufhält. Obwohl er nicht mit ihr spricht, entsteht eine Bindung und Zuneigung.

Zur damaligen Zeit wandeln die *Ashvin*-Zwillinge Heilpraktiken ausübend auf der Erde. Sie haben die prächtigsten aller Gestalten, die man je gesehen hat, dennoch sind sie nicht am göttlichen *Soma*-Opfer (Unsterblichkeit bringender Nektar) beteiligt. Sie sind lediglich Halbgötter, haben daher nicht das Wissern der Unsterblichkeit. Aber da sie die Ärzte der Götter sind, haben sie das Wissen der Verjüngung.

Eines Tages kommen sie am Ufer des *Sarasvati*-Flusses entlang. Als sie dieses ungleiche Paar sehen, wollen sie die junge Frau sofort zu ihrer Gemahlin machen. Die junge Frau lehnt jedoch ab: „Wem mich mein Vater gegeben hat, dessen Gattin werde ich sein." *Cyavana* ist mit dieser Reaktion sehr zufrieden. Er sagt ihr, dass diese beiden am nächsten Tag wiederkommen und ihr dasselbe Angebot wieder machen werden. Daraufhin solle sie antworten: „Ihr seid die Gebrechlichen, die ihr, obwohl Götter, keine

Soma-Trinker seid. Unversehrt ist vielmehr mein Gatte, der ein *Soma*-Trinker ist. Er hat auch die Macht darüber, euch zu *Soma*-Trinkern zu machen." Dadurch erhofft sich *Cyavana,* die Erneuerung seiner Jugend, zu erlangen. Genauso geschieht es am nächsten Tag.

Die *Ashvin*-Zwillinge gehen auf einen Handel ein und versprechen das Wissen der Verjüngung im Gegenzug zum Wissen der Unsterblichkeit. Um die Verjüngung zu erlangen, müssen alle drei Herren gemeinsam in den *Sarasvati*-Fluss eintauchen. Dann werden alle drei jung, wunderschön und vollkommen gleich aussehend wieder hervor kommen. Da die *Ashvin*-Zwillinge immer noch großes Interesse an *Cyavanas* wunderschöner, blutjunger Frau haben, schlagen sie vor, dass diese dann aus den drei jungen Männern ihren zukünftigen Gemahl auswählen soll. Die junge Frau möchte aber doch gerne ihren *Cyavana* behalten. So treffen die beiden eine heimliche Absprache, dass *Cyavana,* sobald er aus dem Wasser kommt, gegen die Sonne blinzeln wird.

Die *Ashvin*-Zwillinge nahmen *Cyavana* mit zur Verjüngungsstätte am Fluss *Sarasvati* und er bekommt tatsächlich eine genauso prächtige Gestalt wie sie. Aber er wird durch sein Zwinkern von seiner Frau erkannt und ausgewählt. Die *Ashvin*-Zwillinge gehen leer aus. Zum Glück nicht ganz leer, denn im Gegenzug nennt *Cyavana* den *Ashvin*-Zwillingen den *Rishi,* zu dem sie in die Lehre gehen sollen, damit sie die Unsterblichkeit erlangen. Dieser *Rishi* weiht die beiden ein und sie werden fortan von den anderen Göttern am *Soma* beteiligt.

Cyavana, wieder jung geworden, mit einer Jungfrau verheiratet, bekommt von seinem Schwiegervater tausend Rinder, um diese zu opfern. So sind alle seine Wünsche in Erfüllung gegangen, die er in seinem Gesang genannt hatte. Das Wissen der Unsterblichkeit ist nach wie vor den Göttern vorbehalten, aber das Wissen der Verjüngung hat uns *Cyavana* netterweise überliefert. Heute bekommen wir sie in Form einer Art Marmelade (*Cyavanprash*), die uns auch bei der Verjüngung hilft.

Die *Ashvin*-Zwillinge erfahren durch ihren *Rishi* nicht nur das Wissen der Unsterblichkeit, sondern auch das Wissen über ihre Herkunft:

Surya, Ashvinis

Surya ist der Sonnengott, ein Sohn oder Enkel (man weiß es nicht genau) *Brahmas*, und gehört zu den zwölf *Aditya*. Er reist in einem goldenen Wagen, gezogen von sieben Pferden, welche die sieben Wochentage verkörpern. Er wird als dunkelroter Mann mit drei Augen und vier Händen dargestellt.

Surya ist den Menschen wohlgesonnen. Er bringt das Sonnenlicht und fördert dadurch das Leben und auch die Lebensfreude. Allerdings kann seine Ehefrau *Sanjna* eines Tages seinen Glanz und seine Leuchtkraft nicht mehr ertragen. *Surya* leuchtet einfach zu hell und blendet sie andauernd. Sie kann ihren eigenen Ehemann nicht mehr anschauen. Aber selbst, wenn sie wegschaut, wird sie von seinen Strahlen durchdrungen. Sie flieht von ihrem gemeinsamen Wohnort, wobei sie ihre Dienerin *Chaya* (den Schatten) zurücklässt.

Chaya als *Sanjnas* Schatten sieht ihr zum Verwechseln ähnlich, so bemerkt niemand *Sanjnas* Abwesenheit. *Chaya* muss sich um *Surya* und die Kinder (*Manu, Yama, Yami*) kümmern. So leben sie als scheinbar glückliche Familie weiter. Auch sie bekommt Kinder von *Surya,* welcher nicht bemerkt, dass es sich lediglich um den Schatten seiner Frau handelt. Eines Tages aber ärgert sich Chaya extrem über den kleinen *Yama* und verfluchte ihn. Da fällt dann sogar *Surya* auf, dass eine echte Mutter wohl so nicht handeln würde. Er wird misstrauisch und macht sich auf die Suche nach seiner echten Ehefrau.

Sanjna lebt inzwischen zurückgezogen in Form einer Stute in einem Wald, als *Surya* sie irgendwann aufspürt. Er verwandelt sich in einen Hengst und nähert sich ihr. Obwohl *Sanjna* in diesem Hengst die große Leuchtkraft *Suryas* spürt, fühlt sich sie sich dennoch, oder aber gerade deswegen, zu ihm hingezogen. Aus der Vereinigung der beiden Götter in Pferdeform werden die *Ashvin*-Zwillinge, die Pferdemenschen, geboren. Diese werden zu den ersten Ärzten der Götter, die ersten, welche *ayurvedische* Medizin praktizieren. Sie ziehen auf ihren Wanderungen immer die Morgenröte (*Usha*) hinter sich her. Sie werden auch für die Erhaltung der ewigen Jugend verehrt. Durch ihre Begegnung mit *Cyavana* werden sie endlich in den Kreis der Götter aufgenommen.

Surya möchte nun seine echte Frau *Sanjna* wieder mit nach Hause nehmen. Aber seine strahlende Energie ist immer noch einfach zu viel für sie. Da kommt ihr Vater *Vishvakarma* (der Architekt der Götter) auf die Idee, einen kleinen Teil von *Suryas* Energie abzuspalten und daraus die Waffen der Götter zu formen. So können *Surya* und seine Frau *Sanjna* wieder gemeinsam leben.

Om adityaya vidmahe
Sahasra-kiranaya dhimahi
Tannah suryah prachodayat

Wir erkennen Surya. Wir meditieren über Surya mit
1000 Strahlen. Möge Er unser Verständnis erleuchten.

Nun haben wir die Unsterblichkeit, die Verjüngung und die Ärzte der Götter kennengelernt. Aber für gute Medizin und Heilungserfolge (auch bei Göttern) werden auch gute Heilkräuter benötigt.

4) Hanuman

Hanuman, der General der Affenarmee, ist der Sohn von *Vayu,* dem Windgott, der ihm die Fähigkeit zu fliegen vererbt hat. Er hat den Kopf eines Affen, unermessliche Kräfte und zusätzlich zum Fliegen die Gabe, seine Größe von winzig auf gigantisch rasant zu verändern. *Hanuman* ist der treueste Verehrer *Ramas,* einer Inkarnation *Vishnus.* Er wird häufig mit aufgerissener Brust dargestellt, sodass *Rama* in seinem Herzen wohnend sichtbar wird. Die Geschichte *Ramas* und damit auch *Hanumans* finden wir im *Ramayana,* einem Götterepos, wieder. Hier möchte ich nur eine ganz kleine Anekdote dieser großen Geschichte erzählen:

Während der Schlacht mit *Ravana* dem bösen Dämon, welcher *Sita,* die Ehefrau *Ramas,* entführt hatte, wird *Lakshman,* der Bruder *Ramas,* durch einen vergifteten Pfeil tödlich verwundet. Er liegt verletzt am Boden. Die Kampfhandlungen kommen zum Stillstand. *Rama* wird herbeigerufen und kniet verzweifelt neben *Lakshman* nieder. Die ganze Gesellschaft ist in heller Aufruhr. *Rama* sieht sich außerstande, weiter zu kämpfen. Der Kampf sieht bereits verloren aus.

Hanuman, welcher *Rama* im Kampf gegen *Ravana* unterstützt, sucht einen *ayurvedischen* Arzt und bringt ihn zu *Lakshman.* Dieser Arzt stellt nach gründlicher Untersuchung fest, dass *Lakshman* nur durch ein einziges Kraut wieder in das Leben zurückgeholt werden kann: *Sanjivani.* Allerdings wächst diese Pflanze weit oben im Norden Indiens, im Himalaya auf dem Berg *Mandara.* Der Kampf und damit die Verletzung *Lakshmans* hat nun aber ganz im Süden Indiens stattgefunden, in *Lanka,* dem heutigen Sri

Lanka. Um *Lakshman* zu retten, muss die Pflanze aber bis zum nächsten Sonnenaufgang herbeigeholt werden. Dies scheint völlig unmöglich, da Tausende von Kilometern dazwischen liegen. Aber zum Glück ist ja *Hanuman* da. Er hat, als Sohn des Windgottes, die Fähigkeit zu fliegen, unendliche Kraft und noch weitere göttliche Gaben. *Hanuman* verspricht, die Pflanze rechtzeitig zu beschaffen. Der Arzt beschreibt ihm genau, wie die Pflanze aussieht und wo sie wächst.

Hanuman fliegt in Windeseile zum Himalaya. *Ravana,* der böse Dämonenherrscher aus *Lanka,* der Verursacher der Kampfhandlungen und Gegner *Rama,* sieht ihn vorüberfliegen und versteht sofort den Zweck der Reise, doch er möchte auf keinen Fall zulassen, dass *Lakshman* geheilt wird. Also beauftragt er die Sonne, sofort aufzugehen, so dass *Hanuman* seine Aufgabe nicht mehr vor Sonnenaufgang erledigen kann. *Surya,* der Sonnengott, sträubt sich zwar, kann sich aber gegen die dämonische Macht *Ravanas* nicht zur Wehr setzen.

Hanuman sieht die Sonne zur falschen Zeit und am falschen Ort aufgehen. Er muss sofort handeln. Daher stürmt er der Sonne entgegen. Der Wagenlenker des Sonnengottes sieht einen immer größer werdenden Affen auf sich zukommen und gerät in Panik. Er versucht, dem Affen auszuweichen, doch das ist unmöglich. *Hanuman* fängt den Sonnengott mitsamt seinem Wagenlenker und klemmt ihn unter seine linke Achsel. So wird die Sonne am Aufgehen gehindert und *Hanuman* kann in aller Ruhe seine Suche nach der Heilpflanze fortsetzen.

Da *Hanuman* die Pflanze auch nach intensiver Suche nicht finden kann und er weiß, dass seine Freunde verzweifelt auf ihn warten, reißt er einen ganzen mit Heilkräutern bewachsenen Berg wie einen lockeren Zahn aus und bringt diesen zu *Lakshman*. Schon als er sich nähert, springen die vergifteten Pfeile aus dessen Körper. *Lakshman* saugt den Duft der Heilkräuter ein und ist sofort geheilt. Noch heute besteht in Indien der Glaube, dass jene

Hügel und Wälder, in denen besonders viele Heilkräuter wachsen, heruntergefallene Brocken von diesem Berg aus dem Himalaya darstellen, den *Hanuman* aus dem Norden brachte. Ich bin fest davon überzeugt, dass Hanuman auch einen kleinen Umweg über Europa geflogen ist, sodass auch hier kraftvolle Heilpflanzen wachsen.

Rama möchte *Hanuman* für die Hilfe bei der Befreiung *Sitas* und dem Kampf gegen *Ravana* einen Wunsch gewähren. *Hanumans* einziger Wunsch ist, solange zu leben, solange die Taten *Ramas* gepriesen werden. Da das *Ramayana* (die Geschichte *Ramas*) auch heute noch überall in Indien lebendig ist und von jedem Kind erzählt werden kann, hat *Hanuman* eher zufällig Unsterblichkeit erlangt.

Auch Götter können krank werden. Aber dank *Hanuman* stehen jetzt überall Heilpflanzen zur Verfügung. Man muss sie nur richtig einsetzen. Manchmal gibt es allerdings auch Schwierigkeiten, sie zu bekommen:

Agni, Gott des Feuers

Agni war zu vedischen Zeiten nach *Indra* der zweitwichtigste Gott im hinduistischen Götterreich. Aus dem *Mahabharata* (dem wichtigsten hinduistischen Götterepos) ist eine kleine Anekdote zu *Agni* bekannt.

Die beiden Helden, Gott *Krishna* und *Arjuna,* möchten ein neues Königreich gründen. Aber auf dem ihnen zugewiesenen Ort steht ein großer Wald. Als sie diesen besichtigen, treffen sie auf ein altes, verhutzeltes Männlein, welches sich vor Schmerzen krümmt. Es ist *Agni,* der Gott des Feuers. Ihm geht es gerade gar nicht gut. Er hat zu viel

Ghee (Butterfett) gegessen, welches ihm bei einem Feueropfer geopfert wurde. Nun möchte er gegen die Verdauungsstörung gerne den Wald verspeisen (verbrennen), da dort so viele medizinische Heilkräuter wachsen. Aber dieser Wald gehört eigentlich Gott *Indra,* dem König der Götterwelt und Beherrscher des Wetters. Immer, wenn *Agni* etwas am Wald züngelt, löscht *Indra* das Feuer sofort durch Wind oder Regen. So wird *Agni* seine Verdauungsbeschwerden nie los.

Arjuna und *Krishna* beschließen, *Agni* zu helfen. *Arjuna* ist bekanntermaßen der beste Bogenschütze im ganzen Reich. *Agni* schenkt ihm den Zauberbogen *Gandiva* von Gott *Varuna,* den kein anderer Sterblicher hätte spannen können, und zwei ewig volle Köcher mit Pfeilen. *Krishna* als Inkarnation *Vishnus* besitzt sowieso viel Macht und ist zusätzlich der beste Wagenlenker im Reich. *Agni* schenkt ihm noch dazu eine Waffe, Sudarshana-*Chakra* genannt, die sowieso *Vishnus* Waffe ist. Sie ist eine Art Diskus, jedoch mit der Besonderheit, dass sie nach jedem Einsatz wieder zu ihrem Besitzer zurückkehrt. Außerdem erhalten beide noch eine Kutsche mit fliegenden Pferden davorgespannt.

Während *Agni* nun den Wald verbrennend in sich aufnimmt, reitet *Arjuna* blitzschnell ständig im Kreis um diesen Wald herum. *Krishna* lenkt den Wagen mit den fliegenden Pferden geschickt, sodass *Arjuna* ein Meer an Pfeilen zeltförmig über den Wald schießen kann. Da dies alles unglaublich schnell geschieht, hat der Wald nun ein Dach aus Pfeilen. *Indra* kann mit seinem Regen nicht durch diese Pfeile hindurchdringen und muss machtlos zuschauen, wie *Agni* den gesamten Wald verspeist.

Die Feuersbrunst dauert 15 Tage. *Agni* verspeist sämtliche Lebewesen des Waldes. Aber natürlich auch die guten *ayurvedischen* Heilpflanzen und kann so wunderbar seine Verdauungsstörung überwinden. Lediglich ein Dämon namens *Maya* (der Schein) kann sich durch *Arjunas* Hilfe retten. Dieser Dämon ist auch als großer Baumeister bekannt.

Nachdem die Feuersbrunst vorbei ist, stellen die beiden Freunde fest, dass dies der geeignetste Platz für ihre Hauptstadt ist. Genau in diesem Gebiet entsteht die spätere Hauptstadt des neuen Königreiches und wird, da der Wald vorher *Indra* gehörte, ihm zu Ehren *Indraprasthra* genannt. *Maya,* der Baumeister, baut die schönste Versammlungshalle, welche die Welt je gesehen hat. Da er aber der Dämon des Scheins und der Illusion ist, beruhen sämtliche Bauwerke der Stadt auf Illusion. So finden sich gläserne Paläste, Wasserfälle ohne Wasser, durchsichtige Gebäude. Niemand weiß, welches Bauwerk echt ist und welches Schein. Die Stadt gibt es auch heute noch, sie heißt heute Delhi.

5) Krishna

Ich kenne keine andere Realität als die *Krishnas,* dessen Gesicht strahlt wie der Vollmond, dessen Farbe die einer vollen Regenwolke ist, dessen Augen groß und leuchtend sind wie die Blüten eines Lotus, dessen Lippen so rot sind, wie Bimba-Beeren, dessen Hände durch die Flöte geschmückt werden und der Glück verheißenden Schmuck trägt.

(Madhusudana Saraswathi)

Krishna ist eine Inkarnation *Vishnus.* Er kommt auf die Erde, um die Menschheit vor der Herrschaft eines tyrannischen Königs zu bewahren. Da dieser König von seiner Ankunft erfährt, werden alle männlichen Babys vorsorglich getötet. Mit göttlicher Hilfe wird *Krishna* direkt nach seiner Geburt ausgetauscht, entgeht dem Morden und wächst bei Kuhhirten in *Brindhavan* auf. Dort fällt er bereits in seiner Kindheit auf, weil er Wunder vollbringt. Als Kleinkind klaut er immer wieder Butter, um sie zu naschen. Aber seinem Charme kann niemand widerstehen. Dies wird in seiner Jugend noch offensichtlicher, da *Krishna* sämtlichen Kuhhirtinnen (*Gopis*) den Kopf verdreht. Selbst die verheirateten Frauen gehen ein Verhältnis mit ihm ein, da sie das Göttliche in ihm erkennen. Seine größte

Liebe ist *Radha*. Diese leidet dann auch am stärksten, als *Krishna* die Dorfgemeinschaft verlässt, um seine Pflicht zu erfüllen. Nachdem der tyrannische König vernichtet ist, zieht *Krishna* mit den *Pandavas* in den Krieg gegen die *Kauravas*. Dieser Kampf findet in *Kurukshetra* statt und wird im *Mahabharata*, dem großen Götterepos, beschrieben. Das wichtigste Kapitel hieraus ist die *Bhagvadgita*, der göttliche Gesang. *Krishna* erklärt *Arjuna* die Wichtigkeit der Erfüllung des *Dharma* (Lebensaufgabe, Pflicht). In diesem Gesang ist die Essenz der hinduistischen Religion enthalten. Nachdem *Krishna* seine Aufgaben auf dieser Welt erfüllt hat, wird er von einem Jäger irrtümlicherweise erschossen und ein neues Zeitalter bricht an.

Eine kleine Anekdote zu *Krishna*:

Als *Krishna* noch in *Brindhavan* lebt, kommt eines Tages der große Heilige *Durvasa* zu Besuch. *Durvasa* ist bekannt dafür, sehr launisch zu sein. Wird er gereizt, oder wird einer seiner Wünsche nicht erfüllt, kann er fürchterliche Verfluchungen aussprechen. Durch seine Kasteiungen hat er solche Macht erlangt, dass diese Flüche immer wahr werden. Wir haben ihn schon in der Geschichte von *Lakshmi* kennengelernt, als er *Indra* und dessen Götterreich verfluchte.

Dieser *Durvasa* lässt sich nun in *Brindhavan* auf der anderen Seite des Flusses *Yamuna* nieder. *Krishnas* Gespielinnen, die *Gopis* (Kuhhirtinnen), müssen ihm täglich sein Essen bringen. Und er hat auch immer ordentlich Hunger. Eines Tages ist aber der Fluss *Yamuna* so stark angeschwollen, dass die *Gopis* nicht hinüber können. Sie haben große Angst, verflucht zu werden, sollten sie das Essen nicht rechtzeitig abliefern. In ihrer Not fragen sie *Krishna* um Rat. *Krishna* empfiehlt ihnen, zum Fluss *Yamuna* zu gehen und zu sagen: Wenn *Krishna* noch nie in seinem Leben eine Frau berührt hat, soll das Wasser sinken.

So tun sie es und tatsächlich, das Wasser sinkt. Erleichtert gehen die Gopis hinüber und versorgen *Durvasa* mit seiner Mahlzeit. Als sie sich jedoch auf ihren Rückweg machen wollen, ist das Wasser schon wieder angeschwollen und versperrt ihnen erneut den Weg. Da es schon dunkel wird und sie unbedingt nach Hause wollen, fragen sie nun *Durvasa* um Rat. Dieser empfiehlt ihnen, zum Fluss *Yamuna* zu gehen und zu sagen: Wenn *Durvasa* noch nie im Leben Nahrung zu sich genommen hat, soll das Wasser sinken.

So tun sie es und tatsächlich, das Wasser sinkt. Zu Hause angekommen wundern sie sich jetzt doch, wie das denn alles möglich war. *Krishna* ist bekannt für seine vielen Liebschaften, wie die meisten von ihnen aus eigener Erfahrung wissen und *Durvasa* hat gerade eine riesige Portion Nahrung verschlungen. Sie bitten *Krishna* um eine Erklärung. Dieser sagt: Wenn du ohne Anhaftung handelst, hast du nicht gehandelt.

Es herrscht der Glaube, dass die Erleuchtung, also der Ausbruch aus dem ewigen Kreislauf der Wiedergeburten erlangt werden kann, indem Wünsche, Begierden und Anhaftung überwunden werden. Wünsche und Begierden nach materiellen Dingen können sicherlich noch relativ leicht abgelegt werden.

Aber die Anhaftung, das Verbunden sein mit Erinnerungen, Freunden und Verwandten abzulegen, ist sicher nicht so einfach. *Krishna* zeigt, dass es möglich ist, diesen Zustand zu erreichen und dennoch ein normales Leben zu führen.

Eine Pflanze wird ganz besonders mit *Vishnu* und hierbei besonders mit seiner Inkarnation *Krishna* in Verbindung gebracht:

Tulsi

Vor jedem *Vishnu*-Tempel finden sich *Tulsi*-Pflanzen. *Tulsi* ist der indische heilige Basilikum (Ocimum sanctum). Wird eine *Tulsi*-Pflanze gepflegt und gegossen, ist dies wie ein Gottesdienst an *Vishnu* bzw. *Krishna*.

Es gibt eine kleine Geschichte, in der *Krishna* mit *Tulsi* gleichgesetzt wird: *Krishna* liegt auf einer Waagschale und soll aufgewogen werden. Die Frauen der Umgebung bringen ihr ganzes Gold und Geschmeide und legen dies in die andere Waagschale, aber *Krishna* bleibt immer schwerer als das gesamte Gold. Endlich kommt einer Frau der Gedanke, das Gold und Geschmeide wegzunehmen und stattdessen ein einziges *Tulsi*-Blatt auf die Waagschale zu legen. Und schon sind beide Waagschalen im Gleichgewicht. Ein einziges *Tulsi*-Blatt ist also genauso viel Wert wie *Krishna*.

Es gibt eine Sage, wie die *Tulsi*-Pflanze auf die Erde kam: Aus dem Schweiß *Mahadevas* wird *Jalandhar* (*Jala* = Wasser) geboren. Dieser vollbringt viele heilige Handlungen und Kasteiungen, so dass *Vishnu* ihn segnet, indem er ihm die Gabe gibt, sich unsichtbar zu machen vor Göttern und Dämonen, solange seine Frau ihm treu bleibt. *Jalandhar* ist mit *Tulsi* verheiratet, welche für ihre unglaubliche Treue bekannt ist. *Jalandhar* wird nun durch diese Gabe arrogant, da er unbesiegbar ist, und beginnt, die Menschen zu quälen. Die Menschen wenden sich in ihrer Not um Hilfe an *Vishnu. Vishnu* erklärt ihnen, die einzige Möglichkeit, *Jalandhar* zu besiegen, bestünde darin, seine Frau zur Untreue zu bewegen. Dies ist jedoch für die Menschen ein völlig unmögliches Unterfangen. Sie versuchen ihr Möglichstes, aber *Tulsi* bleibt standhaft und treu. Sie bemerkt gar nicht, dass sie zur Untreue verführt werden soll, sondern ist ihrem Mann immer ergeben, auch wenn dieser starke charakterliche Schwächen aufweist.

Also muss wieder *Vishnu* zu ihrer Hilfe kommen. Er verwandelt sich in ein Ebenbild *Jalandhars* und verführt auf diese Weise dessen Frau. *Tulsi* bemerkt ihre Untreue nicht, da *Vishnus* Verwandlungskünste vollkommen sind. Dadurch kann *Jalandhar* jetzt leicht vernichtet werden, da er seine Gabe der Unsichtbarkeit verloren hat.

Als *Tulsi* herausfindet, wie übel sie hinters Licht geführt wurde und auch noch zur Witwe gemacht wurde, obwohl sie *Vishnu* immer loyal gedient hatte, konfrontiert sie *Vishnu* damit. Erst versucht *Vishnu,* sich herauszureden, dass, um Schlechtes zu vernichten, manchmal Gutes geopfert werden müsse. Dies überzeugt *Tulsi* jedoch gar nicht, und *Vishnu* merkt, dass diese Argumente nicht wirklich gültig sind. Er sieht ein, dass er Tulsi etwas anderes bieten muss. Daher garantiert er ihr, dass sie von Frauen auf ewig für ihre Treue gegenüber ihrem Ehemann angebetet werde und Unsterblichkeit erlange. Tulsi ist daraufhin zufrieden und verbrennt sich mit ihrem Mann. Aus ihrer Asche wächst die *Tulsi*-Pflanze.

Überall, wo *Tulsi* wächst, wohnen *Brahma, Vishnu, Shiva* und andere Götter. Jeder, der *Tulsi* ehrt, ehrt die Götter. Jeder, der Gras schneidet, welches in der Nähe von *Tulsi*

wächst, wird von seinen Sünden befreit. Wer im Sommer *Tulsi* mit kühlem, duftendem Wasser nährt, erlangt Erleuchtung. Wer *Tulsi* anschaut, schaut ins Angesicht *Vishnus*. *Tulsi* vor dem Haus schützt vor bösen Geistern. Die Blätter werden nie an Dienstagen oder Sonntagen gepflückt oder gar gekocht, da dies die Pflanzenseele foltert.

Jetzt haben wir schon *Krishna* kennengelernt und auch einige andere Inkarnationen *Vishnus*. Daher dürfen die restlichen Inkarnationen und auch einige allgemeine Worte zu *Vishnu* nicht fehlen.

6) Vishnu

Vishnu kommt immer auf die Erde, wenn die Menschheit in Gefahr ist. Er ist der große Retter. Meist muss er jedoch viel eher die Götter vor den Dämonen retten, als die Menschen. Er muss die korrekte Ordnung in der Welt wieder herstellen. Dazu wählt *Vishnu* die verschiedensten Formen, auch *Avatare* genannt. Neun dieser *Avatare* sind bisher erschienen, der zehnte (*Kalki*) steht noch aus und wird am Ende des jetzigen Zeitalters kommen, um die Erde in ihrer momentanen Form zu vernichten.

Vishnus Ehefrau ist *Lakshmi,* welche wir auch schon aus der Verquirlung des Milchozeans kennen. Sie begleitet *Vishnu* auch bei seinen diversen Rettungsaktionen und tritt bei seinen Inkarnationen als seine Frau mit in Erscheinung (zum Beispiel *Rukmini* als *Krishnas* Ehefrau oder *Sita* als *Ramas* Ehefrau).

Nun zu den zehn *Avataren:*

(1) Matsya Avatara, die Fisch-Inkarnation

Manu, ein Sohn *Brahmas,* kasteit sich zehntausend Jahre lang. Er betet und meditiert intensiv und führt ein sehr asketisches Leben. Eines schönen Tages vollzieht er seine übliche Reinigung am Flussufer. Er steht etwas im Fluss und schöpft andächtig Wasser mit seinen beiden Händen, um es sich über den Kopf zu gießen. Da bemerkt er einen kleinen Fisch in seinen Händen. *Manu* will diesen schon ins Wasser zurückwerfen, als der Fisch zu sprechen beginnt: „Wirf mich nicht ins Wasser. Ich habe Angst vor den großen Fischen und Krokodilen."

Manu ist gerührt und bringt den Fisch in einem kleinen Topf in seiner Hütte unter. Er hegt und pflegt ihn aufopferungsvoll. Allerdings wächst der Fisch rasant und benötigt schnell einen größeren Topf. Auch dieser Topf wird bald zu klein. *Manu* hat ja nun den Schutz gewährt und muss sich daher auch weiterhin kümmern. Er besitzt jedoch keinen größeren Topf mehr, daher setzt er den Fisch im nächsten See aus und besucht ihn täglich. Nach kurzer Zeit ist der Fisch sogar für den See zu groß. Also trägt *Manu* den Fisch zum Meer. Der Fisch ist inzwischen ganz schön schwer und *Manu* gerät ziemlich ins Schwitzen. Aber er ist gerne bereit, diese Last für das Wohlergehen des Fisches auf sich zu nehmen. Im Meer wird der Fisch gigantisch groß.

So langsam dämmert es *Manu,* dass es sich nicht um einen normalen Fisch handeln kann. Er erkennt, dass es *Vishnu* selbst ist und fällt auf die Knie. Seine ganze Kasteiung hat sich gelohnt, er konnte Vishnu persönlich dienen.

Vishnu, der Fisch, bereitet *Manu* darauf vor, dass in sieben Tagen das Meer die ganze Welt überschwemmen wird. Die *Veden* sind in Gefahr. Sie sind *Brahmas* Mund im Schlaf entwischt und von einem *Asura* (Dämon) gestohlen worden. Dadurch vermehrt sich die Schlechtigkeit auf der Welt. Die einzige Möglichkeit, die Veden für die guten Menschen zu bewahren, ist, die jetzige Welt zu vernichten. Da *Manu Vishnu* als Fisch gerettet hat, will jetzt *Vishnu Manu* retten. *Manu* soll dann die *Veden* erhalten und die Menschheit neu gründen.

Auf Anweisung *Vishnus* nimmt *Manu* die *Saptarishis* (sieben *Rishis*), Kräuter, Pflanzen, Tiere, Getreidesamen und auf ausdrücklichen Wunsch *Vishnus* auch *Vasuki* (den König der Schlangen) mit auf ein Boot. Es regnet in Strömen, riesige Wolken bilden sich, die Meere beginnen, die Erde zu verschlingen. Als die Welt überflutet ist und *Manu* auf seinem Schiff nur noch von Wasser umgeben ist, erscheint der gigantische Fisch, dem inzwischen ein großes Horn gewachsen ist. Er leuchtet golden und bringt so Licht in das Dunkel. *Manu* bindet *Vasuki* (den König der Schlangen) als Seil an das Horn des Fisches. Der Fisch zieht das Boot sicher durch die Fluten.

Während dieser langen Zeit des Umherschwimmens unterrichtet *Vishnu*, der Fisch, *Manu* und die ausgewählten Insassen des Boots in den *Veden*. Nach unserer Zeitrechnung dauert dies viele Jahrtausende.

Nachdem *Manu* die Veden erlernt hat, geht das Wasser langsam zurück, und das Boot setzt am höchsten Gipfel des Himalaya auf. Von hier aus werden sämtliche Lebewesen neu erschaffen, und die Veden können ihr Licht wieder neu entfalten.

(2) Kurma Avatara, die Schildkröten-Inkarnation

Diese Geschichte steht bei der Verquirlung des Ozeans.

(3) Varaha Avatara, die Eber-Inkarnation

Diese Geschichte findet sich bei *Lakshmi* unter *Bhudevi*.

(4) Narasimha Avatara, die Mensch-Löwe-Inkarnation

Diese Geschichte handelt von *Hiranyakashipu*, dem älteren Bruder *Hiranyakshas* (bekannt aus der Geschichte um die *Varaha*-Inkarnation *Vishnus*). *Hiranyakashipu* hat Rache gegen *Vishnu* geschworen, da dieser seinen Bruder vernichtet hatte.

Stammbaum

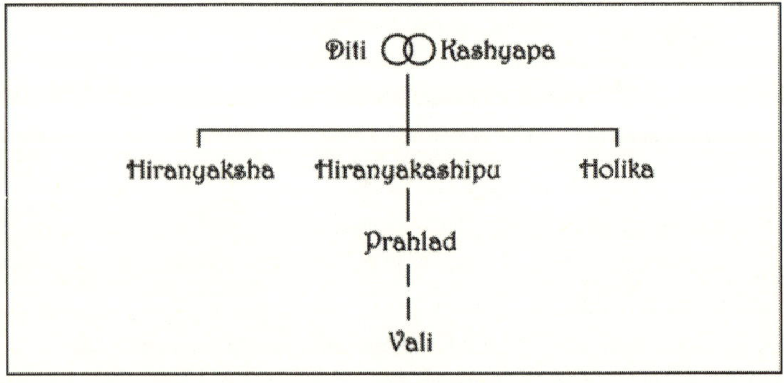

Hiranyakashipu war einst ein großer König. Doch dies ist ihm nicht genug. Er will die Weltherrschaft erlangen. Dazu unterzieht er sich anspruchsvollen Kasteiungen und meditativen Übungen (*Tapas*). Er steht für Jahre auf einem Bein auf dem Berg *Mandara*. Ameisen bauen ihren Hügel auf ihm, Gras wächst auf ihm, aber *Hiranyakashipu* rührt sich nicht vom Fleck. Die Welt wird durch seine tiefe Meditation in ihren Grundfesten erschüttert. Die Götter verfallen in Panik. Es steigt Rauch aus seinem Körper auf. Nachdem *Hiranyakashipu* weiterhin extrem hartnäckig ist, kann *Brahma* nicht anders, als ihm einen Wunsch gewähren, sonst wäre die gesamte Welt in Rauch aufgegangen.

Hiranyakashipu wünscht sich, dass er weder von einem Mensch, noch von einem Tier, weder im Haus, noch außerhalb des Hauses, weder am Tag, noch in der Nacht, weder auf dem Boden, noch im Wasser, noch in der Luft durch keine bekannte Waffe getötet werden könne. *Brahma* ist zwar entsetzt, muss aber diesen Wunsch erfüllen, um die Welt zu erhalten. Er weiß, dass es jetzt völlig unmöglich ist, *Hiranyakashipu* jemals zu töten. *Hiranyakashipu* ist jetzt unbesiegbar.

Durch seine neu gewonnene Macht und Unbesiegbarkeit erobert *Hiranyakashipu* die drei Welten in kürzester Zeit. Er vertreibt *Indra* aus seinem Götterhimmel. Alle Götter müssen fliehen. *Hiranyakashipu* ordnet an, dass gegen Strafe nur noch er selbst als Gott verehrt werden darf. Alle guten Menschen sollen vernichtet werden, alle Opferfeuer gelöscht und die heiligen Kühe getötet werden. *Hiranyakashipu* lebt in einem gläsernen Palast und gibt sich gerne dem Alkohol hin. Er herrscht über die Dämonen, und so herrschen die Dämonen über die drei Welten.

Die vertriebenen Götter wenden sich in ihrer Not an *Vishnu*, *Brahma* kann ihnen ja nun keine Hilfe mehr geben. *Vishnu* bittet die Götter um Geduld. Es werde der richtige Zeitpunkt kommen, an dem er *Hiranyakashipu* vernichten werde.

Während seiner Eroberungszeit hat *Hiranyakashipu* seine schwangere Frau für einige Monate in einem *Ashram* untergebracht, damit dem ungeborenen Kind nichts geschehe. In diesem *Ashram* wird *Vishnu* verehrt und gepriesen, solange es noch erlaubt ist. Entbunden wird der Sohn *Prahlad* im Palast, ständig überwacht und später von strengen Lehrern beaufsichtigt.

Prahlad wird als Jüngling fortgeschickt in die Schule seines *Gurus*. Als er in den Ferien nach Hause kommt, fragt sein Vater ihn, was er denn gelernt habe. *Prahlad* antwortet, er habe gelernt, *Vishnu* anzubeten. *Hiranyakashipu* ist tief getroffen und wird sehr wütend. Er hatte doch verboten, andere Götter zu verehren. Der *Guru* wird herbeizitiert, beteuert jedoch, nicht ein Wort über *Vishnu* verloren zu haben. *Prahlad* wird gefragt, wo er denn diesen

Unsinn her hätte, und antwortet, dass *Vishnu* selbst es ihm beigebracht habe und der Gott seines Herzens sei. *Hiranyakashipu* zerspringt vor Eifersucht. Wie ist dies möglich? *Prahlad* musste es wohl noch aus seiner Zeit im Mutterleib im Ashram im Kopf haben.

Prahlad wird zurück zu seinem Lehrer geschickt, damit er *Vishnu* wieder vergesse und die wirklich wichtigen Dinge lerne. Nach einigen Jahren bei seinem *Guru* kommt Prahlad wieder nach Hause. *Hiranyakashipu* fragt ihn wieder, was er denn gelernt habe, und es kommt wieder die Antwort: *Vishnu* anzubeten. Jetzt wird es *Hiranyakashipu* aber zu bunt. Er ordnet an, seinen Sohn zu töten, aus seinem Weiterleben sei sowieso kein Nutzen mehr zu ziehen.

Die Gefolgschaft *Hiranyakashipus* attackiert *Prahlad* nun auf alle erdenklichen Arten mit allen vorhanden Waffen. *Prahlad* ist aber im tiefen Gebet versunken und wird dadurch von *Vishnu* beschützt.

Es werden Giftschlangen auf *Prahlad* gehetzt. Aber durch den Schutz *Vishnus* kommen die Giftzähne nicht durch *Prahlads* Haut hindurch.

Elefanten werden auf *Prahlad* gehetzt. Sie schmettern ihn zu Boden und gehen mit ihren Stoßzähnen auf ihn los. Doch durch *Vishnus* Hilfe brechen ihre Stoßzähne auf *Prahlads* Brust entzwei.

Jetzt holt *Hiranyakashipu* seine Schwester *Holika* zu Hilfe. Sie hatte eine Segnung erhalten, dass sie durch Feuer nicht verletzt werden könne. Sie soll sich nun mit *Prahlad* auf dem Schoß in ein Lagerfeuer setzen und so für seinen Tod sorgen. Aber *Prahlad* singt ständig *Vishnus* Namen. So wird seine Tante *Holika* verbrannt und er bleibt unverletzt. Bruder und Schwester hatten vergessen, dass die Segnung nur gültig war, wenn *Holika* sich dem Feuer alleine aussetzte.

Zum Anlass des Todes der fiesen Tante wird auch heute noch in Indien das Fest *Holi* gefeiert. An diesem Tag werden viele Feuer angezündet, und die Menschen bewerfen sich mit bunten Farbpulvern.

Da offensichtlich keine Methode zum gewünschten Ziel führt, wird *Prahlad* wieder zurück zu seinem *Guru* geschickt, um einer Gehirnwäsche unterzogen zu werden. Dieser Schuss geht jedoch nach hinten los: *Prahlad* fängt nun seinerseits an, die jüngeren Kinder in der Verehrung *Vishnus* zu unterweisen. Als dies *Hiranyakashipu* zu Ohren kommt, beauftragt er die Köche, *Prahlads* Nahrung zu vergiften. Aber natürlich bleibt auch das Gift wirkungslos.

Die Priester schaffen nun einen Dämon, der in seiner Erscheinung an die Flammen des Feuers erinnert. Dieser geht mit seinem Dreizack auf *Prahlad* los, aber der Dreizack zerbricht an *Prahlad*s Brust. Dies frustriert den Dämon so sehr, dass er sich umdreht und kurzerhand die Priester attackiert. Die Priester laufen um ihr Leben, verlieren es aber. *Prahlad* ist über diesen Umstand so traurig, dass er *Vishnu* bittet, die Priester wieder zum Leben zu erwecken. Sobald *Prahlad* die Priester berührt, kommen sie wieder zu sich. In ihrer Freude laufen sie zu *Hiranyakashipu* und erzählen ihm von den Geschehnissen.

Hiranyakashipu ruft *Prahlad* zu sich und fragt ihn, wo er gelernt habe, so mit seinen Feinden umzugehen. *Prahlad* sagt, er habe keine Feinde, denn *Vishnu* sei überall und in jedem, auch in seinen Feinden, die dadurch zu Freunden würden. *Hiranyakashipu* fragt, wenn *Vishnu* doch überall sei, ob er denn auch in dieser einen Palastsäule sei. Im selben Moment zertrümmert er die Säule mit seinem

Schwert. Da springt *Vishnu* in Form von *Narasimha* (halb Mensch, halb Löwe) aus der Säule hervor. Es herrscht gerade Dämmerung. *Narasimha* zieht *Hiranyakashipu* in den Torbogen, sodass sie weder im Haus, noch außerhalb des Hauses sind. Er legt ihn über sein Knie, sodass *Hiranyakashipu* weder auf dem Boden, noch in der Luft, noch im Wasser ist. Nun zerfleischt *Narasimha* den bösen König mit seinen Zähnen und Klauen, sodass er durch keine bekannte Waffe und weder durch einen Menschen, noch durch ein Tier getötet wird.

Die drei Welten atmen auf. Die Götter kehren in ihr Himmelreich zurück und dürfen wieder verehrt werden. *Prahlad* herrscht lange als gütiger König über sein Reich.

Übrigens hat *Prahlad* einen Enkel namens *Vali,* welcher uns in der Geschichte von *Shukra* und der Inkarnation *Vishnus* als *Vamana* schon begegnet ist.

(5) Vamana Avatara, die Zwerg-Inkarnation

Diese Geschichte findet sich bei *Shukra.*

(6) Parashurama, die Rama-mit-der-Axt-Inkarnation

Vishnu kam in Form von Parashurama auf die Erde, um diese von einem bösen König und den zu brutal gewordenen *Kshatriyas* (Angehörigen der Kriegerkaste) zu befreien.

Hierzu ist eine kurze Erklärung des Kastensystems notwendig. Es gibt vier große Kasten: *Brahmanen* (Priester), *Kshatriyas* (Krieger), *Vaishyas* (Kaufleute) und *Shudras* (Bauern). In diese Kasten wird man hineingeboren, und sie geben nicht nur den Beruf, sondern eine bestimmte Lebenseinstellung vor. *Brahmanen* dürfen die *Veden* studieren und sich den Riten der heiligen Texte hingeben. *Kshatriyas* sind für Kampfhandlungen zuständig. So würde ein *Brahmane* seine Ehre durch gelehrte Reden verteidigen, ein *Kshatriya* hingegen würde zu einer Waffe greifen. *Kshatriyas* stellen die weltlichen Herrscher (Könige, Fürsten). *Vaishyas* sind Kaufleute und Händler, sie dürfen die *Veden* zwar lesen, aber bestimmte Rituale nicht selbst vollziehen. *Shudras,* die Bauern, dürfen die *Veden* noch nicht einmal lesen. Jede Kaste muss bestimmte Aufgaben (*Dharma*) erfüllen und kann bestimmte andere Aufgaben nicht erfüllen. So ergänzen sie sich gegenseitig. Ein Wechsel zwischen den Kasten geschieht sehr selten.

Ein Nachfahre aus der unseligen Beziehung zwischen *Chandra* (dem Mond) und *Tara* (der Frau *Brihaspatis,* des *Gurus* der Götter) ist *Gadhi. Gadhi* hat eine Tochter namens *Satyavati.* Ein alter *Rishi* (*Richika*) begehrt diese Tochter zur Frau. Aber *Gadhi* will seine junge hübsche Tochter nicht an den alten, als heißblütig bekannten *Richika* verschwenden. Eine direkte Ablehnung wäre nicht anständig gewesen, daher fordert er 1000 Pferde im Gegenzug. Diese Pferde sollen alle weiß mit einem schwarzen Ohr sein und völlig gleich aussehen. Er hofft so, den *Rishi* los zu werden. Aber *Richika* hat gute Beziehungen zu *Varuna* (dem Meeresgott), welcher ihm diese Pferde besorgt. So muss *Gadhi* seine Erlaubnis geben, und *Richika* kann *Satyavati* heiraten.

Satyavati wünscht sich einen Sohn. Wie bereits aus vorangegangenen Geschichten zu ersehen ist, kommen *Rishis* diesem Wunsch nicht auf die uns bekannte, alt bewährte Art nach. Nein, *Richika* veranstaltet ein Feueropfer. Das Resultat dieses Feueropfers ist ein Reispudding. Diesen soll seine Frau essen, um einen Sohn zu bekommen.

Nun wünscht sich *Satyavati* nicht nur einen Sohn für sich selbst, sondern möchte, dass auch ihre Mutter einen Sohn bekommt. Also produziert *Richika* noch eine zweite Schüssel mit Reispudding. Er gibt beide Schüsseln an seine Frau, erklärt genau, welche Schüssel für sie und welche für ihre Mutter ist und zieht sich zurück in den Wald.

Satyavatis Mutter ist jedoch misstrauisch. Normalerweise sorgt der Vater dafür, dass sein eigenes Kind die besten Qualitäten erhält. Dem Schwiegeronkel wird er nicht das Beste geben. Sie ist aber Königin, ihre Tochter nur mit einem *Rishi* verheiratet. Sie benötigt daher einen Prinzen und späteren König als Sohn. Ihre Tochter braucht lediglich einen *Brahmanen.* Also tauscht sie im Einverständnis mit ihrer Tochter die Schüsseln aus, und beide essen sie brav leer.

Als *Richika* aus dem Wald zurückkommt und von den Geschehnissen hört, wird er sehr wütend. Er hatte in die Schüssel seiner Schwiegermutter alle Zutaten für einen tapferen und kämpferischen Krieger gegeben und in die Schüssel seiner Frau die Zutaten für einen friedvollen *Brahmanen.* Nun ist alles verquer. *Satyavati* fällt vor ihm auf die Knie und bettelt. Sie möchte keinen kämpferischen Sohn. Wie kann man das denn jetzt noch ändern? Richika sieht die einzige Möglichkeit darin, den eigenen Sohn zwar zum Brahmanen zu machen, aber der Enkel wird kriegerisch. Und so geschieht es. *Satyavatis* und *Richikas* Enkel ist *Parashurama* (*Rama* mit der Axt), eine Inkarnation *Vishnus,* welcher viele *Kshatriyas* (Angehörige der Kriegerkaste) tötet. *Satyavatis* Mutter gebiert einen *Brahmanen.*

Parashuramas Vater lebt zwar als friedvoller *Brahmane,* aber dennoch hat *Parashurama* schon als Kind viele Kenntnisse über die Herstellung von Waffen und deren Gebrauch. *Parashuramas* Vater ist übrigens im Besitz der weißen Kuh *Kamadhenu,* welche bei der Verquirlung des Milchozeans hervorgekommen war und alle Wünsche in Erfüllung gehen lässt.

Eines Tages kommt ein böser König mit seinem Gefolge an der Hütte vorbei, in welcher *Parashurama* mit seinen Eltern und Geschwistern lebt. *Parashurama* ist mit seinen Geschwistern gerade nicht zu Hause, aber sein Vater lädt den König mit seinem gesamten Heer ein, doch hier Rast zu machen und sich zu erfrischen. Der König nimmt dankbar an. Durch *Kamdhenus* Gaben ist der Tisch reich gedeckt für die vielen Gäste. Der König wundert sich, wie ein einfacher *Brahmane* ein solch opulentes Mahl bereiten kann. Auf sein Nachfragen hin wird ihm die Kuh *Kamadhenu* vorgeführt. *Parashuramas* Familie hat sie nie für den eigenen Nutzen verwendet und immer in Ehren gehalten. Aber der König ist habgierig. So nimmt er die Kuh mitsamt ihrem Kalb einfach mit. Ein friedvoller *Brahmane* kann gegen einen kriegerischen *Kshatriya* nicht kämpfen, *Parashuramas* Vater muss tatenlos zusehen.

Da *Parashurama* aber mit den Qualitäten eines *Kshatriya* geboren wurde, kämpft er für die Rechte und Ehre seines Vaters. Er zieht allein in die Hauptstadt des Königs und besiegt dessen gesamtes Heer. Den König selbst erschlägt *Parashurama* mit seiner Axt. Nach den vollbrachten Taten befreit er *Kamadhenu* und ihr Kalb und bringt beide zurück zu seinem Vater.

Natürlich kann eine solche Tat nicht ungerächt bleiben. Nach kurzer Zeit kommen die Söhne des Königs zur Einsiedelei der *Brahmanen*-Familie und passen einen Moment ab, in dem *Parashurama* im Wald ist. Sie schlagen *Parashuramas* Vater den Kopf ab. *Parashurama* wird durch das laute Schreien seiner Mutter alarmiert, aber es ist zu spät. Er fragt seine Mutter, wer denn diese abscheuliche Tat begangen habe, aber sie ist unfähig, ein Wort von sich zu geben.

Parashurama schwört, die bösartigen Angehörigen der *Kshatriya*-Kaste zu vernichten. Und so zieht *Vishnu* in Form von *Parashurama* los, mit seiner Axt, und räumt auf unter den *Kshatriyas*. Alle, welche der Mutter Erde und ihren Kindern zur Last geworden sind, werden entfernt, so dass eine große Befreiung stattfindet.

(7) Rama

Diese Geschichte findet sich im *Ramayana*. Das *Ramayana* handelt vom Leben *Ramas*, welcher mit seiner Ehefrau *Sita* und seinem Bruder *Lakshman* in die Wildnis verbannt wurde. Dort wird *Sita* von dem bösen Dämon *Ravana* nach *Lanka* entführt. *Rama* kann sie mit Hilfe von *Hanuman*, dem General der Affenarmee befreien. Es ist jedoch eine so komplexe Geschichte, das ihr ein eigenes Buch gewidmet werden muss.

Wir haben eine Geschichte über *Hanumans* Heldentat gehört.

(8) Krishna

Krishna wurde bereits erwähnt.

(9) Buddha

Auch die Geschichte *Buddhas* verlangt nach einem eigenen Buch.

(10) Kalki

Diese Inkarnation steht noch aus.

Nun haben wir *Shiva* und *Vishnu* schon kennengelernt. Fehlt im indischen Götterhimmel noch *Brahma*, welcher zwar als der Weltschöpfer gilt, aber im Alltag kaum noch erwähnt wird. Auch zur Schöpfung der Welt gibt es die verschiedensten Theorien, bei denen *Brahma* eine mehr oder weniger große Rolle spielt.

Die Schöpfung der Welt

Es gibt immer wiederkehrende Kreisläufe der Schöpfung und Zerstörung der Welt. Die Welt entsteht, um zu zerfallen, um wieder zu entstehen. Dies sind die verschiedenen Zeitalter. Zu Beginn eines jeden Zeitalters wird das Universum von Wasser überflutet. Auf der Oberfläche dieses Wassers schwimmt das goldene, kosmische Ei (Symbol des Feuers) für tausend Jahre. Nach diesen tausend Jahren platzt das Ei auf und heraus kommt der Gott des Universums in Gestalt des ersten Menschen. Seine Seele entspricht der universellen Seele. Er zerstört alle Sünden durch Feuer, er wird *Purusha* genannt. Obwohl er für tausend Jahre allein in seinem Ei saß, überfällt ihn ein maßloses Gefühl der Einsamkeit, als er seine Augen über die endlose, weite Leere an der Wasseroberfläche schweifen lässt. Und er bekommt Angst. Daher bekommen die Menschen auch heute noch Angst, wenn sie mit sich selbst alleine sind. Er kann sich beruhigen, indem er sich klar macht, dass er das einzige Geschöpf im ganzen Universum ist und daher vor niemandem Angst haben muss. Andererseits empfindet er auch keine Freude. Daher empfinden die Menschen auch heute keine Freude, wenn sie alleine sind. Also entwickelt er das Bedürfnis nach einem anderen Menschen und teilt sich selbst in einen Mann und eine Frau. Nun fühlt er sich allerdings geteilt, gespalten. Also vereint er sich, und daraus wird die Menschheit geboren. Und auch alle anderen Lebewesen, Rinder, Pferde, Ziegen, Schafe, bis hin zu den Ameisen – immer paarweise.

Brahma

Brahma gilt als der Erschaffer, Schöpfer der Welt.

Zur Entstehung *Brahmas* gibt es verschiedene Theorien. Häufig wird gesagt, dass *Brahma* aus dem göttlichen Bewusstsein und dem Schein (Illusion, Maya) entstanden ist. Oder aber, er hat sich selbst gebildet, indem er seinen Samen in das kosmische Wasser legte, woraus sich das goldene Ei bildete, aus dem er dann entsprungen ist. Nach Tausenden von Jahren, die er in diesem Ei verbrachte, sprengte er es mit der Kraft seiner Gedanken in zwei Hälften, die zu Himmel und Erde wurden.

Die am weitesten verbreitetste Geschichte besagt jedoch, dass er aus dem Bauchnabel *Vishnus* in einer Lotusblume sitzend gewachsen ist, während *Vishnu* auf seiner Schlange *Shesha* im Weltenschlaf lag.

Brahma brachte die vedischen Weisheiten, hat aber jetzt im Hinduismus an Bedeutung verloren, obwohl er immer noch zu den drei großen Göttern (*Brahma, Vishnu, Shiva*) gehört. *Brahma* ist verheiratet mit *Sarasvati.*

Sarasvati

Ya kundendu tushara hara dhavala
ya shubhra vastra vrita
ya vina varadanda manditakara
ya shveta padmasana,
ya brahma cyuta shankara
prabhritibhir devaih sada vandita
sa mam patu sarasvati bhagavati
nihshesha jadya paha.

Oh Du Leuchtende, wie ein Ornament aus Tautropfen des Mondes,
welche ein weißes Kleid trägt (welches die reine weiße Energie des Wissens vermittelt),
welche Gesten über ihr Musikinstrument (*Vina*) vermittelt (Symbol der Demut), mit geschmückten Händen,
welche weiß ist und in einer weißen Lotusblüte in der Lotusposition sitzt;
welche unveränderlich ist, welche von *Brahma, Vishnu* und *Shiva* angebetet wird,
möge sie mich beschützen vor der Dunkelheit und Ignoranz, und möge sie die Schwere und Trägheit von meinem Bewusstsein entfernen.

Brahma hat aus sich selbst heraus *Sarasvati* erschaffen. Da *Sarasvati* aus Brahma entstanden ist, wird sie von einigen als seine Tochter angesehen und *Brahma* daher der Inzucht beschuldigt. In den meisten Darstellungen fungiert sie jedoch als *Brahmas* Ehefrau. *Brahma* hat so stark um sie geworben, dass ihm fünf Köpfe gewachsen sind, damit er sie mit seinen Blicken überall hin verfolgen konnte. *Sarasvati* fühlte sich anfangs dadurch belästigt, so dass *Shiva*, um ihr zu helfen, einen Kopf *Brahmas* abschlug, was natürlich eine große Sünde war und schwer bestraft wurde. Aber das ist eine andere Geschichte.

Sarasvati ist die Göttin der schönen Künste und wird meist mit einer *Vina* (indisches Saiteninstrument) auf einer Gans reitend dargestellt. In vedischen Zeiten war sie eine Flussgöttin, doch der Fluss ist inzwischen nicht mehr auffindbar.

Sarasvati ist etwas eitel, hochmütig und streitsüchtig. Früher war sie die Ehefrau *Vishnus*, der konnte sie jedoch irgendwann nicht mehr ertragen und gab sie an *Brahma* ab.

Durch *Sarasvatis* Fluch hat *Brahma* heute an Bedeutung verloren.

Die heilige Kuh

Bei einem sehr heiligen, wichtigen Ritual sollte *Brahma* gemeinsam mit seiner Ehefrau erscheinen. Sie mussten pünktlich an einem heiligen Ort sein. Der Zeitpunkt wurde auf die Minute genau von Astrologen festgelegt. *Brahma* konnte dieses Ritual nur gemeinsam mit seiner Ehefrau durchführen und sagte ihr daher rechtzeitig, dass sie jetzt los müssten. Aber *Sarasvati* saß noch vor dem Spiegel und machte sich zurecht. Sie sagte zu *Brahma*, dass er schon losgehen solle, sie käme gleich nach. *Brahma* machte sich also auf den Weg, aber *Sarasvati* kam nicht. Der errechnete Zeitpunkt rückte immer näher, die Priester wurden schon unruhig. Den glücksverheißenden Zeitpunkt vorüberziehen zu lassen, hätte großes Unglück bedeutet. Was sollten sie tun?

Da *Brahma* für dieses Ritual unbedingt die Anwesenheit seiner Ehefrau benötigte, heiratete er kurzerhand das nächste weibliche Wesen am Ort. Das war nun zufällig eine Kuh. Dadurch wurde die Kuh heilig und das Ritual konnte vollzogen werden.

Als *Sarasvati* mit einiger Verspätung auftauchte, gerade als das Ritual beendet war, war sie hoch empört. Ausgerechnet eine Kuh! Musste das denn sein? Nun war die Kuh schon heilig, dagegen konnte sie nichts mehr unternehmen, aber sie sprach dennoch zwei Flüche aus: *Brahma* sollte von nun an nur noch an einem Ort in Indien verehrt werden, und die Kühe sollten nur noch Dreck fressen. Und genauso ist es gekommen. In ganz Indien gibt es nur einen *Brahma*-Tempel. Dieser befindet sich in *Pushkar,* dem heiligen Ort, an dem das Ritual vollzogen wurde. Und die Kühe in Indien sind zwar heilig, leben aber auf den Straßen von den Abfällen.

Da nun auch das Geheimnis der heiligen indischen Kühe gelüftet ist, ist uns hoffentlich auch der indische Götterhimmel etwas näher gerückt. Wir können nie wissen, ob sich uns nicht gerade ein göttliches Wesen in menschlicher, tierischer oder pflanzlicher Gestalt nähert. Daher sollten wir alles und jeden behandeln, wie Götter.

Index

A

Agni – Feuergott
Airavat – Elefant, Reittier Indras
Amrit – Trank der Unsterblichkeit
Ananda – Glückseligkeit
Anandatandava – kosmischer Tanz
Annapurna – Göttin (die reich an Nahrung ist)
Anugraha – Befreiung
Ap – Wasser
Apasmara Purusha – Dämon der Unwahrheit
Apsara – himmlische Nymphe
Ardhanrishvara – Verschmelzung des männlichen und weiblichen Prinzips
Arjuna – Held, großer Bogenschütze
Ashvin Zwillinge – Pferdemenschen, Ärzte der Götter
Asura – Dämon
Avatar – verschiedene Formen Vishnus
Ayurveda – indisches naturheilkundliches Medizinsystem

B

Bandha – Verschluss
Banyan Baum – Baum mit Luftwurzeln
Bhagvadgita – göttlicher Gesang, Kapitel des Mahabharatas
Bhang – Marihuana, Haschischgebräu
Bhava – anderer Name Shivas
Bhima – anderer Name Shivas; einer der Pandavas (Söhne Pandus)
Bhoga – Narr
Bhrigu – Heiliger

Brihaspati – Guru der Götter
Brindhavan – Gebiet, in dem Krishna seine Kindheit verbracht hat
Bhudevi – Erdgöttin
Brahma – Weltschöpfer, Gott

C

Chandra – Mond
Cyavana Bhargava – alter Rishi
Cyavanprash – eine Art Marmelade
Chaya – der Schatten

D

Daksha – Satis Vater, Shivas Schwiegervater, Brahmas Sohn
Daruka – Dämon
Deepavali – Fest des Lichtes
Dhanvantari – Gott des Ayurveda
Dharma – Lebensaufgabe, Pflicht
Diti – Ehefrau Kashyapas
Durga – Göttin
Durvasa – launischer Heiliger

G

Gandharva – himmlischer Sänger
Gandiva – Zauberbogen
Ganga – Flussgöttin, heiliger Fluss Ganges
Garuda – Adler, Vishnus Reittier
Ghee – geklärte Butter
Gopis – Kuhhirtinnen
Guru – Lehrer

H

Halahala – giftigstes Gift
Hanuman – General der Affenarmee
Himavat – König der Berge (Himalaya), Vater Parvatis
Hiranyaksha – König der Dämonen

I

Indra – Götterkönig
Indraprashtra – heutiges Delhi

J

Jalandhar – Ehemann Tulsis
Jatayu – Sohn Garudas
Jyotish – Astrologie

K

Kadru – Ehefrau Kashyapas
Kalakuta – giftigstes Gift
Kali – Göttin
Kalki – Inkarnation Vishnus
Kama (deva) – Liebesgott
Kamadhenu – weiße, alle Wünsche erfüllende Kuh
Kapila – weiße, alle Wünsche erfüllende Kuh
Kartikeya – Gott des Kampfes (Kriegs), Sohn Shivas
Kashyapa – Heiliger
Kauravas – Cousins der Pandavas
Koustubha – Vishnus Juwel
Krishna – Inkarnation Vishnus
Kurma – Vishnu in Form einer Schildkröte
Kurukshetra – Ort, an dem die große Schlacht des Mahabharatas stattgefunden hat

L

Lakshman – Bruder Ramas
Lakshmi – Göttin des Reichtums
Lanka – heutiges Sri Lanka
Lingam – Shivas Glied, Geschlecht

M

Mahabharata – großes indisches Götterepos
Mahadeva – anderer Name Shivas
Mahesha – anderer Name Shivas
Mandara – großer Berg im Himalaya
Manmatha – Gott der Liebe
Mantra – Laut
Manu – Sohn Brahmas
Matsya – Vishnu in Form eines Fisches
Maya – Dämon der Illusion, Schein, großer Baumeister
Mena – Ehefrau Himavats, Mutter Parvatis
Mohini – Vishnu in Form einer schönen Frau

N

Nandi – Stier, Reittier Shivas
Narada – schelmischer Götterbote
Narasimha – Vishnu in Form eines Löwenmenschen
Nataraj – König der Tänzer, Shiva
Nilakantha – Blauhalsiger, anderer Name Shivas

P

Pandavas – fünf Söhne Pandus
Parashurama –Vishnu in Form von Rama mit der Axt
Parijata – himmlischer Baum
Parvati – Ehefrau Shivas
Pashupati – anderer Name Shivas

Prajapati – Weltvater
Prakrti – reine Natur
Puranas – alte philosophische Mythen
Purusha – universelle Seele
Pushkar – heiliger Ort

R
Radha – größte Liebe Krishnas
Rahu – Dämon, zum Mondknoten geworden
Rakshasas – Dämonen
Rama – Inkarnation Vishnus
Ramayana – Götterepos
Ravana – Dämon
Rekha – Hand lesen
Rishi – Seher
Rudra – der Weinende, frühere Form Shivas
Rudraksha – Steinfrucht

S
Sadhu – Priester
Samadhi – Meditation
Samhara – Zerstörung
Samhita – Gesang
Sampati – Sohn Garudas
Sanjivani – Leben spendendes Kraut
Sanjna – Ehefrau des Sonnengottes
Saptarishis – Sieben Rishis
Sarasvati – Göttin des Wissens und der schönen Künste, Fluss(göttin)
Sarva – anderer Name Shivas
Sati – Shivas erste Frau

Shakti – Kraft, anderer Name für Parvati, weiblicher Aspekt Shivas
Shankar – anderer Name Shivas
Shesha – Urschlange, auf der Vishnu ruht
Shiva – Gott der Weltzerstörung
Shrishti – Schöpfung
Shukra – Dämonenfürst
Sita – Ehefrau Ramas
Skanda Purana – alte überlieferte Mythen
Soma – Mondgott, Unsterblichkeit bringender Nektar
Sudarshan Chakra – Waffe Vishnus, Diskus
Sura – Wein, Gott
Surabhi – weiße, alle Wünsche erfüllende Urkuh
Surya – Sonnengott

T

Tulsi – heiliger Basilikum

U

Uchchaisravas – weißes Pferd
Ugra – anderer Name Shivas
Usha – Morgenröte

V

Vali – Herrscher der Dämonen
Vamana – Vishnu in Form eines Zwergs
Varaha – Vishnu in Form eines Ebers
Varuna – Gott des Meeres
Varuni – Göttin des Weins
Vasanta – Gott des Frühlings
Vastu – Architektur
Vasuki – Weltenschlange

Vayu – Gott des Windes
Veden – heilige Schriften
Vina – Saiteninstrument, Laute
Vinata – Ehefrau Kashyapas
Vishnu – Welterhalter, Gott
Vishvakarman – Architekt der Götter

Y

Yagna – Feueropfer
Yakshas – Waldgeister, besondere Genien
Yamuna – Fluss
Yoni – weibliche Scheide

Zur Autorin und Illustratorin

Dr. Kalyani Nagersheth

In Frankfurt als Kind einer deutschen Mutter und eines indischen Vaters geboren, wuchs Kalyani Nagersheth mit zwei Kulturen auf. Von den indischen Verwandten hörte sie viele indische mythologische Geschichten, die auf ihr deutsches Weltverständnis stießen. Erst als sie Medizin studiert hatte und begann, ayurvedische Medizin zu praktizieren, wurden ihr die Bedeutungen klarer. Sie erzählte diese mythologischen Geschichten in vielen Seminaren zur ayurvedischen Medizin, aber auch vielen Patienten. Auf deren Bitten hin ist dieses Büchlein entstanden.

Dipl. Ing. Julia Berger

Julia Berger hat schon immer gerne gemalt, skizziert und gezeichnet. Sie ist fasziniert von der orientalischen und asiatischen Kultur, den Menschen, Gebäuden und dem Leben dort. Von ihr stammen die Bilder zu diesem Büchlein.

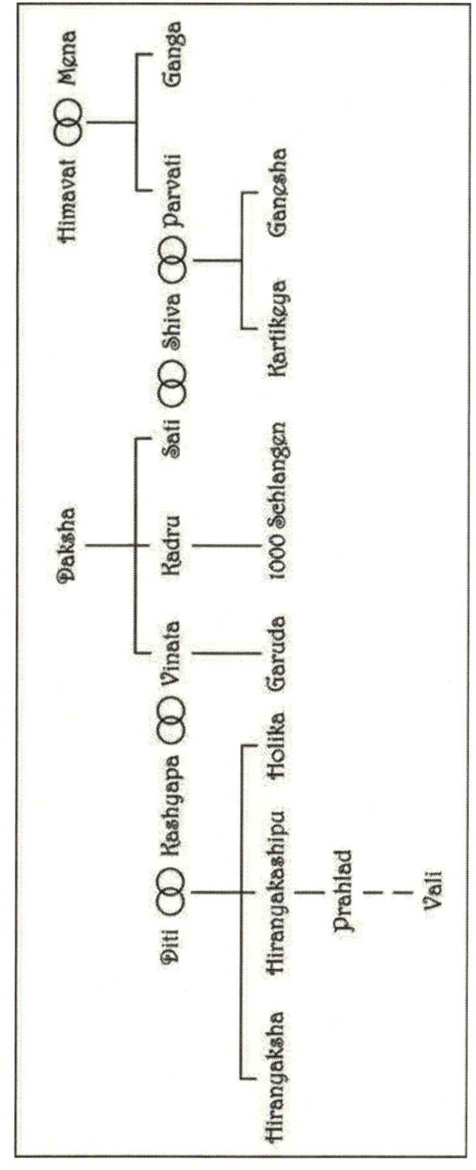
Daksha
Himavat
Mena
Diti
Kashyapa
Vinata
Kadru
Sati
Shiva
Parvati
Ganga
Hiranyaksha
Hiranyakashipu
Holika
Garuda
1000 Schlangen
Kartikeya
Ganesha
Prahlad
Vali